Claus Fussek / Sven Loerzer

Alt und abgeschoben

Claus Fussek / Sven Loerzer

Alt und abgeschoben

Der Pflegenotstand
und die Würde des Menschen

Vorwort von Dieter Hildebrandt

HERDER

FREIBURG · BASEL · WIEN

Gedruckt auf umweltfreundlichem,
chlorfrei gebleichtem Papier

Originalausgabe

Alle Rechte vorbehalten – Printed in Germany
© Verlag Herder Freiburg im Breisgau 2005
www.herder.de
Satz: Dtp-Satzservice Peter Huber, Freiburg
Herstellung: fgb · freiburger graphische betriebe 2005
www.fgb.de
ISBN-13: 978-3-451-28411-3
ISBN-10: 3-451-28411-1

Inhalt

Vorwort 7

Altern in Deutschland 11

Persönliche Bedürfnisse 20

Bauliche Mängel 28

Entwürdigende Behandlung 32

Fehlende psychosoziale Betreuung 41

Unterernährung und Austrocknung 47

Pflegeerleichternde und pflegevermeidende Maßnahmen . 63

Arzt im Heim 73

Dekubitus 82

Mangelnde Zahn- und Mundhygiene 92

Ans Bett gefesselt und ruhig gestellt 96

Vernachlässigte Rehabilitation 112

Eklatante Pflegefehler 116

Keine Zeit für Sterbebegleitung 125

Angehörige zwischen schlechtem Gewissen und Geldgier . 133

Vom Umgang mit Beschwerden 138

Gewalt in der Pflege 142

Abrechnungsbetrug durch ambulante Dienste 147

Die Verantwortung des Personals 151

Der Staatsanwalt ermittelt und stellt ein 156

Das Altenhilfegesetz 162

Skandalisierung 167

Wie die Politik reagiert 174

Forderungen für die Pflege 187

Nachwort 190

Vorwort

Gute alte Zeit: Oma und Opa im Kreis der Familie, glücklich strahlende Gesichter. Verklärte Vergangenheit: Vor 2000 Jahren hat man die alten Menschen, als sie nicht mehr beißen konnten und es noch keine Zahnärzte gab, die ihnen Gebisse machten, erschlagen, weil sie sich nicht mehr ernähren konnten. So hat man es ein paar Jahrhunderte später schon für einen Fortschritt gehalten, dass alte Menschen, die kein Fleisch mehr beißen konnten, weiterleben durften. Leben? Wenn der Alt-Bauer der schweren körperlichen Arbeit nicht mehr gewachsen war, dann musste er ausziehen – ins Austragshäuserl, wie es in Bayern heißt. Das war kein komfortabler Ruhesitz, sondern ein eher spartanischer Platz, ein Wartezimmer vor dem Tod. In dieser Hütte bekam der Austragsbauer sein Gnadenbrot, Milch, Kartoffeln und Eier. Je näher man wohnt, umso weniger Kontakt hat man. Die Austragshäuserl waren die größte soziale Aussperrung, die es je gegeben hat, und das passierte direkt vor dem Haus.

Heute organisieren wir das Abwickeln des Restlebens alter Menschen in größerem Stil. Es ist ein einträgliches Geschäft geworden, von dem eine Vielzahl von Unternehmen profitiert: von der Pharmaindustrie über die Heimträger bis hin zu Fahrdiensten. Was aber haben die pflegebedürftigen Menschen davon, die wir zu zweit in Zimmer mit vorgeschriebener Mindestgröße sperren? Sie bekommen das vierdimensionale Sittengesetz zu spüren: der Sozialstaat über dir, die Verwirrtheit in dir, die Rentenkürzung hinter dir, das Krematorium vor dir. Daran hat sich auch 20 Jahre nachdem ich mich mit Jochen Steffen im Scheibenwischer mit der Situation alter Menschen beschäftigt habe, nichts geändert. Im Gegenteil, es ist eher schlimmer geworden. Egoismus und Raffgier nehmen immer mehr zu. Die jungen Leute haben immer weniger Lust, ihre alten Eltern mit über die Runden zu bringen. Wir hätten uns schon längst Gedanken machen müssen, wie wir unsere Menschen ins Alter begleiten wollen, wenn wir gleichzeitig alle Mittel aufwenden, um ihnen das Leben zu verlängern. Wenn die Gesellschaft kein Konzept hat, um die Menschen anständig und würdig bis zum Tode zu begleiten, dann sieht es sehr ungerecht aus für die Menschen, die sie älter werden lässt. Denn dann entscheiden allein Einkommen und Vermögen darüber, wie viel Lebensqualität Menschen bleibt, die tagtäglich Hilfe und Pflege brauchen.

Deshalb ist auch die Angst vor dem Älterwerden größer als die Freude daran, älter zu sein. Dann kommt hinzu, dass alle Welt versucht, einem klarzumachen: Es ist ganz gefährlich, älter zu werden. Und überall ist die Rede von den grauenvollen Konsequenzen des Älterwerdens. Da kann man schon aus lauter Angst krank werden.

Mit etwa 60 Jahren fängt man an zu überlegen, wie ist es denn, wenn du das oder das nicht mehr kannst. Dieses Denken erfasst jeden. Es tut alles viel mehr weh. Schon das Aufstehen ist nicht mehr so wie früher. Es rächen sich viele ungesunde Verhaltensweisen. Körper und Seele haben gelitten im täglichen Gebrauch. Man wird weise, haben die großen Dichter immer gesagt. Aber das stimmt nicht, sie müssen gelogen haben, das ist nicht wahr. Oder sie müssen mir verschwiegen haben, wie man es macht, dass man klüger wird. Man vergisst doch viel mehr, warum sollte man klüger werden? Man kann ruhiger werden, aber ruhiger bedeutet doch, dass man weniger wehrfähig wird. Man wird immer feiger. Man geht keinen Kampf mehr ein, weil man glaubt, man ist so alt, dass man diesen Kampf gar nicht mehr überstehen wird. Warum gehen so wenig alte Menschen für eine bessere Pflege auf die Straße? Die einen können es nicht mehr, die anderen wollen nicht daran denken, dass sie am nächsten Tag selbst betroffen sein könnten.

So brauchen Politiker alte Menschen in ihre Überlegungen nicht einzubeziehen. Es reicht der Besuch mit einem Präsentkorb zu einem 100. Geburtstag oder zur festlichen Einweihung eines Pflegeheims. Wie es dort im Alltag zugeht, wird ihnen nie bekannt werden, weil sie dort allenfalls angemeldet zu einem Wahlkampf-Besuch wieder auftauchen. So können sie sich auch nicht vorstellen, was es bedeutet, wenn es heißt: 18 Uhr, es ist Schlafenszeit. Da gibt es kein Entrinnen, in die Windel gepackt, ab ins Bett, bis morgen früh. Man trocknet die alten Menschen aus, raubt ihnen das Selbstbewusstsein und streicht sie aus der Liste der geistig Anwesenden. Man ernährt sie lieber künstlich, als sich Zeit zu nehmen, ihnen Essen zu geben. Sie trocknen aus, sie werden ruhig gestellt. Sie liegen sich wund. Das alles ist einfach grauenhaft. Ist es da dann verwunderlich, wenn die Menschen darüber nachdenken, ihrem Leben ein Ende zu setzen? Weil für eine angemessene Betreuung zu wenig Geld da ist, wird – noch hinter vorgehaltener Hand – über Sterbehilfe diskutiert. Jungpolitiker versuchen sich zu profilieren, indem sie alte Menschen als Kostenfaktoren im Gesundheitswesen abwerten. Die Botschaft ist klar: Selbstmord entlastet die Kassen.

Damit wollen die Jungen das ganz normale gegenseitige Abhängigkeitsverhältnis zwischen Jung und Alt außer Kraft setzen. Ohne die Jüngeren könnten die Älteren nicht leben, aber ohne die Älteren gäbe es keine Jüngeren. Trotzdem: Die romantische so genannte Großfamilie hat es in kaum einem Lande wirklich gegeben. Die Verachtung der jungen Leute gegenüber jenen, die älter werden, steht ihnen ins Gesicht geschrieben. Liebe zu den alten Leuten hat es wahrscheinlich nie gegeben. Der Generationenvertrag heute ist daher die einzig logische Reaktion darauf. Die Gesellschaft muss das regeln, weil sich die Liebe nicht selbst herstellt.

Ich habe viele geliebte Menschen schon sterben sehen müssen. Man gewöhnt sich langsam daran, an das eigene Sterben zu denken. Das Wichtigste ist, dass man das in Würde tun darf. In der Literatur heißt es, dass einem sanft die Augenlider zugedrückt werden. Doch vielen alten Menschen wird im Pflegeheim nicht einmal der Mund zugemacht. Und das ist dann der Abschied.

Dieter Hildebrandt

Wenn Johannes Heesters in starrer Haltung am Flügel lehnt und singt, dann sind die Menschen gerührt von den Leistungen eines Hundertjährigen. Die Medien berichten gern über solche ungewöhnlichen Auftritte: Da gibt es die 102-jährige Frau, die noch regelmäßig zum Schwimmen geht, oder den 95-jährigen Fotografen, der noch regelmäßig Konfirmationsaufnahmen macht.

Hohes Alter, wenn es mit ungewöhnlich erscheinenden Leistungen und kaum nachlassender geistiger Leistungsfähigkeit verbunden ist, löst eine gewisse Ehrfurcht aus. Die Einschränkungen, die das Alter auch bei solchen Hochbetagten mit sich bringt, wie nachlassende Gehfähigkeit oder Schwerhörigkeit, bleiben unerwähnt. Denn in der Regel ist der Gedanke ans Alter ohnehin schon mit Angst verbunden: Werde ich noch selbständig leben können und klar im Kopf sein, oder brauche ich Hilfe?

Alle Untersuchungen belegen, dass vom 80. bis 85. Lebensjahr an die Wahrscheinlichkeit, unter mehreren chronischen Krankheiten und Verwirrtheit zu leiden, deutlich ansteigt und sich damit auch das Risiko erhöht, pflegebedürftig zu werden.

Der Vierte Altenbericht der Bundesregierung aus dem Jahr 2002 weist Deutschland weltweit als „das Land mit dem vierthöchsten Durchschnittsalter der Bevölkerung (nach Japan, Italien und der Schweiz) und das Land mit dem dritthöchsten Anteil der Bevölkerung ab 60 Jahren (nach Italien und Griechenland)" aus. Die Lebenserwartung steigt immer noch an: Nach der Sterbetafel 2001/2003 beträgt die durchschnittliche Lebenserwartung bei Geburt für Männer nun 75,59 Jahre, für Frauen 81,34 Jahre.

Das Statistische Bundesamt geht davon aus, dass die Zahl der Menschen über 60 bis 2050 um ein Drittel steigt: von rund

19 Millionen im Jahr 2000 auf dann 25 Millionen. Da die Bevölkerungszahl wegen der niedrigen Geburtenraten im gleichen Zeitraum von 82 auf etwa 70 Millionen sinken wird, wächst auch der Anteil älterer Menschen an der Bevölkerung. Lag dieser im Jahr 2000 noch bei 23 Prozent, dürfte er sich 2050 der Prognose zufolge um die 36 Prozent bewegen. Besonders stark wird die Zunahme bei den Hochaltrigen ausfallen: Ihre Zahl verdreifacht sich von knapp 500 000 auf fast 1,5 Millionen Menschen. Dazu kommen noch etwa 6,5 Millionen Menschen im Alter zwischen 80 und 90 Jahren.

In ihrem Newsletter „Demografische Forschung – Aus Erster Hand" (Nr. 2/2005) zeichnen Wissenschaftler des Rostocker Max-Planck-Instituts für demografische Forschung ein noch viel dramatischeres Bild. „Der Blick in die Zukunft lässt Deutschland grauer aussehen, als viele erwarten", warnen die Forscher. „Setzt sich der Trend fort, könnte die Lebenserwartung stärker steigen, als die offiziellen Prognosen erwarten lassen: Im Jahr 2050 würde sie in Deutschland über 90 Jahre betragen." Unmissverständlich die Botschaft an die Politik: „Reformen müssen demografischen Entwicklungen vorauseilen, um ihre Wirkung rechtzeitig entfalten zu können." Seit 1840 habe die Lebenserwartung in den Industrieländern stetig zugenommen. Der Anstieg habe seitdem jedes Jahr fast bis zu drei zusätzliche Lebensmonate betragen. „Ein Zusammenspiel von steigendem Wohlstand, Bildung, gesunder Ernährung, humanen Arbeitsbedingungen mit geringerem körperlichen Verschleiß, verbesserter Hygiene, sozialer Fürsorge und medizinischer Versorgung ist Ursache für das längere Überleben", betonen Sabine Schnabel, Kristin von Kistowski und James W. Vaupel in ihrem Beitrag. Die Ursachen für den Anstieg seien vielfältig und komplex, das Ergebnis jedoch sei ein linearer Anstieg. Es gebe bis heute „kein Zeichen einer Abflachung". Dabei sei noch gar nicht einschätzbar, wie sich der medizinische Fortschritt auswirken werde. Der ist auch in der Vergangenheit unterschätzt worden: „Immer wieder wurden maximale, biologisch unüberwindliche Grenzen der Lebenserwartung veröffentlicht, die wenig später von der Wirklichkeit überholt wurden." So hätten die Prognosen zur Lebenserwartung immer wieder nach oben korrigiert werden müssen. „Eine Obergrenze der Lebenserwartung ist nicht in Sicht", bekräftigen die Forscher. 2050 könnte die Lebenserwartung so bei 93 bis 94 Jahren liegen und nicht bei knapp 87 Jahren, wie das Statistische Bundesamt in seinem mittleren Szenario schätze. Solche Unterschiede jenseits des Renteneintrittsalters hätten enorme Auswirkungen auf die Sozialsysteme. Die Wissenschaftler halten „zu vorsichtige Prognosen" für gefährlich: „Sie bereiten die Gesellschaft nicht auf die deutliche Zunahme an Hochbetagten vor, deren Versorgung, Betreuung und Pflege den Einzelnen und den Staat vor große menschliche und wirtschaftliche Herausforderungen stellen werden." An zurückhaltenden Prognosen freilich kann durchaus Interesse bestehen: „Konservative Prognosen erlauben Politikern, zwingend notwendige, schmerzhafte Reformen der Sozialsysteme aufzuschieben."

Die Politik ist nicht daran interessiert, den Blick in so weite Ferne zu richten, da sie kaum in der Lage ist, die absehbaren Probleme in den nächsten Jahren zu lösen. Eine Reform der Pflegeversicherung ist immer wieder aufgeschoben worden und wohl erst zu erwarten, wenn die Rücklagen aus den ersten Jahren aufgezehrt sind und das Defizit zum Handeln zwingt.

Rund zwei Millionen Menschen erhalten Leistungen aus der sozialen und der privaten Pflegeversicherung, darunter etwa 660 000 Menschen, die im Heim leben. Die Leistung der Pflegeversicherung richtet sich nach dem Hilfebedarf.

Pflegestufe I wird zuerkannt, wenn mindestens einmal täglich Hilfe nötig ist für mindestens zwei „Verrichtungen" der Körperpflege, der Ernährung oder der Mobilität. Außerdem muss mehrmals pro Woche Hilfe bei der hauswirtschaftlichen Versorgung erforderlich sein. Der Zeitaufwand, den ein Laie dafür und für die Pflege benötigen würde, muss im Tagesdurchschnitt die Woche über mindestens anderthalb Stunden betragen, davon muss mindestens die Hälfte auf die Grundpflege (Körperpflege, Ernährung, Mobilität) entfallen – unterhalb dieser Grenze gibt es keine Leistungen. Die Einstufung nimmt der Medizinische Dienst der Krankenversicherung vor, der den Pflegeaufwand nach Minuten bewertet. Da gibt es beispielsweise fünf Minuten für die Zahnpflege, ein bis drei Minuten für das Kämmen, fünf bis zehn Minuten für das Rasieren. Das Verabreichen von Hauptmahlzeiten einschließlich Trinken ist mit 15 bis 20 Minuten veranschlagt, das Ankleiden mit acht bis zehn Minuten.

In Pflegestufe II muss Hilfe bei Körperpflege, Ernährung oder Mobilität mindestens drei Mal pro Tag zu verschiedenen Tageszeiten benötigt werden. Zusammen mit der hauswirtschaftlichen Versorgung muss der Hilfebedarf im Tagesdurchschnitt mindestens drei Stunden ausmachen. Der Anteil der Grundpflege daran muss mindestens zwei Stunden erreichen.

Pflegestufe III bedeutet, dass ständig, also rund um die Uhr, Hilfebedarf besteht. Er muss zusammen mit der Grundpflege mindestens fünf Stunden im Tagesschnitt betragen, wobei auf die Grundpflege vier Stunden entfallen müssen.

Die Leistungen der Pflegeversicherung richten sich damit hauptsächlich nach den körperlichen Einschränkungen. Dies geht vor allem zu Lasten der verwirrten Menschen, deren Betreuungs- und Beaufsichtigungsbedarf bisher keine Berücksichtigung findet.

Wer sich zu Hause pflegen lässt, kann von der Pflegeversicherung die Sachleistung – also die Pflege durch einen ambulanten Dienst – oder aber Pflegegeld in Anspruch nehmen. In Pflegestufe I können Sachleistungen im Gesamtwert von 384 Euro, in Stufe II bis 921 Euro und in Stufe III bis 1432 Euro abgerufen werden. Das Pflegegeld, je nach Stufe 205, 410 oder 665 Euro, kann dafür eingesetzt werden, seine Pflege über Verwandte oder Nachbarn selbst sicherzustellen. Wer in einem Pflegeheim lebt, erhält 1023, 1279 oder 1432 Euro monatlich als Zuschuss zu den Heimkosten.

Da Heimplätze inzwischen 3000 Euro und mehr kosten, reicht bei vielen Heimbewohnern die Rente nicht, um die Heimkosten zu decken. Dann übernimmt die Sozialhilfe den Rest und gewährt den Bewohnern einen so genannten Barbetrag – besser bekannt als Taschengeld – von inzwischen nur noch rund 90 Euro im Monat. Die Gesundheitsreform zum 1. Januar 2004 hatte zur Folge, dass auch dieser Betrag noch durch Zuzahlungen sowie Ausgaben für nicht verschreibungspflichtige Medikamente und für die Brille deutlich reduziert wurde.

In vielen Heimen müssen die Bewohner sogar noch Getränke davon bezahlen, so dass ihnen für den Besuch eines Friseurs, für Fußpflege, Kosmetika, Telefon Süßigkeiten oder Zeitungen kaum noch Geld bleibt.

Etwa 57 Prozent der ambulant betreuten Pflegebedürftigen in der sozialen Pflegeversicherung haben die Pflegestufe I. Bei rund 33 Prozent ist die Pflegestufe II und bei knapp zehn Prozent die Pflegestufe III zugebilligt. Von den in Heimen lebenden Pflegebedürftigen haben rund 39 Prozent die Pflegestufe I, etwa 41 Prozent die Pflegestufe II und knapp 20 Prozent die Pflegestufe III. Die Leistungsausgaben für die soziale Pflegeversicherung sind stetig gewachsen, von 14,3 Milliarden Euro (1997) auf 16,6 Milliarden Euro (2003) – obwohl die Leistungshöhe in den Pflegestufen seit Einführung der Pflegeversicherung 1995/96 unverändert geblieben ist. Der allgemeine Preisanstieg und die steigenden Lohnkosten sind also seit mehr als zehn Jahren nicht ausgeglichen worden.

Die Zahl der Pflegebedürftigen in Heimen, die aus Rente und Pflegeversicherung ihre Pflege- und Lebenshaltungskosten nicht decken können, hat nach einem deutlichen Rückgang mit der Einführung der Pflegeversicherung wieder erheblich zugenommen. In Großstädten wie München muss der Sozialhilfeträger jeden zweiten Heimbewohner finanziell unterstützen.

Um die Pflegebedürftigen kümmern sich bundesweit 10 594 Pflegedienste, 1428 teilstationäre Einrichtungen, 1436 Kurzzeitpflegeeinrichtungen und 9165 Pflegeheime. Nach einer Übersicht des Deutschen Zentrums für Altersfragen fließen 48 Prozent der Ausgaben (2003) der sozialen Pflegeversicherung in die vollstationäre Pflege, gehen also an die Heime. 13,6 Prozent werden für Pflegesachleistungen, also die Pflege durch ambulante Dienste aufgewendet, 23,4 Prozent gehen in Form von Geldleistungen an die Pflegebedürftigen.

Das Deutsche Institut für Wirtschaftsforschung (DIW) in Berlin hat 2001 in seinem Diskussionspapier zu den Auswirkungen der demografischen Entwicklung auf die Zahl der Pflegefälle das Risiko berechnet, pflegebedürftig zu werden: In der Altersgruppe bis 60 liegt es unter einem Prozent. Bis zum 70. Lebensjahr erhöht es sich auf 2,1 Prozent, dann wächst es auf 9,5 Prozent bis zum 80. Lebensjahr. Danach steigt es rasch weiter: Ein Fünftel aller Menschen zwischen dem 80. und 85. Lebensjahr brauchen Pflege, bei den 85- bis 90-Jährigen ist es ein Drittel. Vom 90. Lebensjahr an sind 58 Prozent der Menschen pflegebedürftig. Das DIW rechnet damit, dass die Zahl der Pflegebedürftigen bis 2050 auf rund 4,7 Millionen steigt. Aber auch vorsichtigere Schätzungen kommen noch auf Zahlen zwischen 3 und 3,7 Millionen.

Knapp eine Million Menschen leiden, so der Vierte Altenbericht, an einer mittelschweren oder schweren Demenz, etwa zwei Drittel von ihnen an der Alzheimerkrankheit. Selbst vorsichtige Prognosen gehen davon aus, dass bis zum Jahr 2050 die Zahl der Dementen auf mehr als zwei Millionen Menschen steigen könnte; das sind doppelt so viele wie heute. Etwa zwei Drittel der altersverwirrten Menschen werden derzeit zu Hause von Angehörigen betreut. „Neben der damit verbundenen Lebensqualität können mit dem Engagement von Angehörigen oder sonstigen freiwilligen Helfern geschätzte Kosten von rund 30 Milliarden Euro jährlich – die bei einer Heimunterbringung entstehen würden – gespart werden", erklärte Bayerns Sozialministerin Christa Stewens zum Welt-Alzheimer-Tag 2004 und beschrieb deren gewaltige Leistung: „Die Angehörigen kümmern sich oft Monate und Jahre rund um die Uhr unter Zurückstellung persönlicher Interessen um ihre Angehörigen und leisten so sowohl ökonomisch als auch sozial einen unschätzbaren Beitrag für eine humane Gesellschaft."

Doch die Leistungskraft der Familien wird abnehmen: Kinderlosigkeit führt dazu, dass zunehmend mehr Menschen auf andere Pflegeformen angewiesen sind. Zugleich machen die immer größeren Anforderungen an die berufliche Flexibilität, verbunden mit der Notwendigkeit, zur Sicherung des Lebensunterhalts auf zwei Einkommen zurückgreifen zu können, es immer mehr Familien unmöglich, die Pflege von Angehörigen mit solchen Zwängen zu vereinbaren.

Das Problem ist also nicht nur groß, sondern es wird noch dramatisch wachsen. Denn im Zusammenhang mit der gewaltig steigenden Zahl von Pflegebedürftigen führt das direkt zur Frage: Wer soll diese Menschen dann überhaupt pflegen? Das Rückgrat der Pflege bildet nicht der professionelle Dienst, sondern die Familie. Etwa 70 Prozent aller Pflegebedürftigen werden von der Familie versorgt. Lässt man die Heime beiseite, fällt das Ergebnis noch deutlicher aus. „Nahezu 90 Prozent aller Pflegebedürftigen und chronisch kranken älteren Menschen in Privathaushalten werden von ihren Angehörigen aus dem engeren Familienkreis betreut", belegt der Altenbericht. Noch immer ist das weit überwiegend Frauensache: „Etwa 80 Prozent der pflegenden Angehörigen sind Frauen", entweder die Partnerin des Pflegebedürftigen oder aber dessen Tochter. Fast ein Drittel der Pflegepersonen hat das 65. Lebensjahr bereits überschritten, wenn sie die seelisch wie körperlich anstrengende Aufgabe übernehmen, sich um Angehörige zu kümmern. In der jüngeren Vergangenheit habe die Gesellschaft zwar „ganz erhebliche Verbesserungen" bei der Kindererziehung im Rahmen des Familienleistungsausgleichs erzielt, aber es sei nicht zu erkennen, dass „auch nur annähernd Vergleichbares für pflegende und betreu-

ende Angehörige geschaffen worden ist", bewertet der Altenbericht deren Situation.

Das DIW rechnet deshalb damit, dass der Bedarf an Pflege-
plätzen bis 2050 um etwa 900 000 steigen wird. Dieser Trend
geht nicht nur auf den demografischen Wandel, die Zunahme
der Hochaltrigen, zurück, sondern auch auf andere strukturelle
Veränderungen. Die Zahl der Großfamilien mit mehreren Ge-
nerationen, die sich gegenseitig unterstützen, nimmt ab, dagegen steigt die Zahl der kinderlosen Single-Haushalte. Außerdem
sind immer mehr Frauen berufstätig. Beruf und Pflege aber sind
noch immer schlecht zu vereinbaren: Tagespflegeplätze sind rar
und teuer, die Öffnungszeiten von solchen Einrichtungen har-
monieren selten mit den Arbeitszeiten. Die nervliche Anspan-
nung, einen verwirrten Menschen allein zu Hause zu lassen,
summiert sich bei pflegenden Angehörigen mit den Belastungen
durch unruhige Nächte und den unausgeschlafen kaum mehr zu
bewältigenden Arbeitsanforderungen im Alltag.

Das alles macht Angst. Zu einem „Komplott gegen den bio-
logischen und sozialen Terror der Altersangst" will der FAZ-
Herausgeber Frank Schirrmacher in seinem Buch „Das Methu-
salem-Komplott" überreden. „Was heute als Zahl in den Statistiken steht, werden wir sein", schreibt er und fügt hinzu: „Man
wird vernehmbar über unsere Überzähligkeit diskutieren, über
Euthanasie, über die letzten, teuren Wochen in den Krankenhäusern, die so genannte aussichtslose Fälle zu Belastungen des
Sozialwesens machen." Was Schirrmacher erst für die Zukunft
prophezeit, ist schon längst eingetreten: Alte Menschen werden
als „Kostenfaktoren" diffamiert, als Belastung für Gesundheitswesen und Rentenkassen. Statistiken werden geführt, wie viel
die letzten Lebenswochen die Sozialversicherung kosten. Dass in
Deutschland – anders als etwa in Holland – über Euthanasie
bisher kaum geredet wird, vermag nur noch die Erinnerung an
die Gräuel der nationalsozialistischen Vergangenheit zu erklären. Altersangst aber hängt nicht damit zusammen, wie viele
Menschen im Alter mit körperlichen und geistigen Gebrechen

fertig werden müssen. Denn trotzdem wollen noch die meisten Menschen gerne lange leben – freilich nur bei bester Gesundheit. Angst haben sie davor, hilf- und wehrlos Altersgebrechen ausgeliefert zu sein, aufbewahrt zu sein bis zum Ableben. Fast jeder kennt ein Beispiel aus der näheren Umgebung, aber nichts geschieht. Das macht Angst. Es hilft nichts, uns mit den Problemen alter Menschen des Jahres 2050 zu beschäftigen, wenn wir noch nicht einmal die Probleme des Jahres 2005 gelöst haben. Von einer Gesellschaft, in der die Missachtung hilfloser alter Menschen systematisch unterbunden wird, sind wir leider noch sehr weit entfernt.

Verloren sitzt die alte Frau auf der Bettkante. Es wird, sagt sie, schon noch besser werden mit ihr, sie müsse erst einmal wieder zu Kräften kommen. Irgendwie müsse es doch weitergehen, sie sei doch nun schon so lange im Krankenhaus. Krankenhaus? Da hat die Frau wohl doch etwas durcheinander gebracht. Auch wenn es schon so ausschaut, als sei sie im Krankenhaus – lange, weiß gestrichene Flure mit spiegelnden Böden, durchnummerierte Zimmer, in denen jeweils zwei Pflegebetten an meist ziemlich kahlen Wänden stehen. Da und dort ein Foto auf dem Nachttisch, die Kinder oder der verstorbene Gatte. Viel Persönliches ist nicht zu entdecken. Im Pflegeheim haben die meisten Menschen häufig keine Privatsphäre mehr. Wer dachte, dass Zweibettzimmer allmählich der Vergangenheit angehören dürften, sieht sich getäuscht. Denn unter dem Eindruck der Finanzkrise der öffentlichen Haushalte haben Sozialhilfeträger damit begonnen, zurückzurudern. In Bayern gelten Zweibettzimmer wieder als zumutbar. Einbettzimmer werden für Sozialhilfeempfänger nicht mehr bezahlt, sofern Zweibettzimmer vorhanden sind. Immerhin schreibt die Heimmindestbauverordnung den Standard für den Lebensabend vor, mindestens 18 Quadratmeter für zwei Leute in der Pflegeabteilung sollen es sein. Zwei Menschen, die sich ihr Leben lang nie begegnet sind, sich es auch nicht aussuchen konnten, ob sie sich miteinander diesen Raum teilen. Zwei Menschen, die so hilflos sind, dass sie sich nicht dagegen wehren können, ihr Lebensende miteinander verbringen zu müssen. Zwei Menschen, die damit zurechtkommen müssen, auch wenn ihre Interessen gegensätzlich sind: Der eine will bei offenem Fenster schlafen, dem anderen ist das zu kalt. Die eine Frau hat abends noch lange Licht, die andere kann dabei nicht schlafen. Der eine schnarcht und schläft tief und fest, der andere wacht von den Schnarchattacken immer wieder auf.

Vorher lebten beide in ihren eigenen Wohnungen, nun werden sie durch die Pflegebedürftigkeit zu einer Lebens- und Leidensgemeinschaft geformt, aus der kein Rückzug mehr möglich ist. Stirbt einer, ist das Bett nur wenig später neu belegt, ohne dass der Verbliebene darauf irgendeinen Einfluss nehmen könnte.

Wie belastend die Situation im Zweibettzimmer ist, schildert die Tochter einer Pflegeheimbewohnerin: „Es ist einfach unerträglich für meine Mutter. Seit einem halben Jahr liegt sie im Pflegeheim in einem Doppelzimmer. In den letzten Monaten sind drei Menschen in ihrem Zimmer verstorben. Das ist alles so belastend und bedrückend. Sie lebt nur noch für ihre siebenjährige Enkeltochter. Vor ein paar Tagen war ich mit ihr im Heim. Im Zimmer stank es unerträglich nach Kot und Urin – die Mitbewohnerin hatte wieder einmal ins Bett gemacht. Meine Mutter breitete die Arme aus, in freudiger Erwartung ihrer Enkeltochter. Diese dreht sich um und meint: Bei der Oma stinkt es so! Ich bringe sie nicht mehr dazu, ihre Oma zu besuchen. Ich habe meiner Mutter in die Augen gesehen: In diesem Moment ist sie gestorben."

Das Kuratorium Deutsche Altershilfe (KDA) hat sich bei einer Fachveranstaltung mit dieser Frage ausführlich beschäftigt und vor den hohen sozialen Folgekosten von Zweibettzimmern gewarnt. „Doppelzimmer tragen in der Regel zu einer uneffizienten Pflege bei, weil sie den persönlichen Raum eines Bewohners einschränken und verletzen", erklärte die KDA-Pflegeexpertin Christine Sowinski. Die höhere Geräusch- und Geruchsbelästigung, so die Psychologin, führe zu Stress bei den Bewohnern, der auch die Belastung für das Pflegepersonal erhöhe. Als Folge der erzwungenen Gemeinschaft und der damit verbundenen Konfrontation mit dem Leiden des Mitbewohners könnten sich außerdem Angstzustände einstellen. „Manchmal habe ich sogar beobachten können, dass sich die Defizite des gesundheitlich angeschlageneren Bewohners auf den Mitbewohner übertragen haben", stellt Sowinski fest. Solche Argumente von Experten aber werden beiseite gewischt. Im Doppelzimmer seien die Menschen nicht so einsam, heißt es da bei den Sparpolitikern. Fast schon zynisch mutet es an, wenn dann auch noch angeführt wird, dass Bewohner eines Doppelzimmers gegenseitig auf sich aufpassen und Hilfe herbeiklingeln könnten. Hatten Heimträger bei einer fälligen Modernisierung bisher meist den Anteil der Einzelzimmer erhöht, stehen sie nun vor der Frage, ob sie künftig noch Einzelzimmer werden belegen können.

Doch nicht nur die Zwangsgemeinschaft ohne Rückzugsmöglichkeit beeinträchtigt die Lebensqualität. In vielen Heimen folgt der Tagesablauf einem starren Schema, das kaum Raum lässt für eine auch nur annähernd individuelle Lebensgestaltung. Frühaufsteher sind dabei besser dran, denn der Tag im Heim beginnt meist sehr früh am Morgen: Wecken und Waschen zwischen sechs und acht Uhr. Langschläfer haben schlechte Karten. Ab 7.30 Uhr Frühstück. Sonderwünsche zum Frühstück sind nicht drin, gegessen wird, was auf den Tisch kommt, Pflegeheimbewohner sind schließlich keine Hotelgäste. Planmäßiges Baden einmal in der Woche in guten Einrichtungen, sonst durchaus auch seltener. Nach dem frühzeitigen Mittagessen gegen 11.30 oder 12 Uhr machen sich die Bewohner beliebt, die einen Mittagsschlaf halten. Denn dann ist auch schon Schichtwechsel beim Personal, Übergabe, wie die Pflegekräfte sagen. Danach gibt es Kaffee und Kuchen. Kaffee? Manch ehemals leidenschaftlicher Kaffeetrinkerin verzieht das Gesicht bei dem Gedanken an die dünne, zumeist für alle gleichermaßen entkoffeinierte braune Brühe, die oft schon ungefragt mit Milch und Süßstoff versetzt ist. Ab 17 Uhr wartet das Abendbrot, denn spätestens zwischen 19 und 20 Uhr sollten alle im Bett sein. Eine lange Nacht beginnt, der reizarme, graue Alltag verstärkt die Schlafprobleme eher noch. Wer keine Angehörigen mehr hat, dem bleibt auch die Abwechslung, die ein Besuch bietet, versagt.

Wie weit die Individualität verloren geht, zeigt sich auch an dem Einheitshaarschnitt: Praktische und pflegeleichte Kurzhaarfrisuren waren zwar vielleicht nie der Wunsch der Betroffenen, aber sie kommen den Bedürfnissen des Personals entgegen. Wenn sich ein langes Leben dem Ende nähert, dann bleibt Individualität eben auf der Strecke. Bei Kindern lohnt es sich noch, sie individuell zu fördern, bei Menschen, die sich dem Ende ihres Lebens nähern, lautet die unausgesprochene Frage: Braucht es das denn wirklich noch? Die Frau oder der Mann hat doch ihr/sein Leben gelebt, das lohnt sich doch alles nicht mehr. Wozu noch so viel Aufwand, kann man den Menschen nicht einfach in Ruhe sterben lassen?

Immer wieder gibt es gute Ansätze, wie etwa die „Biografie-Arbeit". Die Pflege soll das einbeziehen, was den Menschen im Leben wichtig war, ihre Vorlieben und Leidenschaften berücksichtigen. Ein schöner Gedanke, von dem leider in der Realität oft nicht sehr viel übrig bleibt: Meist ist die ehemalige Wohnung längst aufgelöst, der viele Hausrat samt Erinnerungsstücken, die für andere Menschen ohne Wert sind, schon auf dem Flohmarkt verramscht oder aber als Sperrmüll beseitigt. Denn im Zweibettzimmer auf der Pflegestation ist nicht viel Platz. Für Möbel sowieso nicht. Die Gestaltung der Wände ist in vielen Heimen nicht gerade erwünscht, Bildernägel und Wandhaken stehen dem raschen Bewohnerwechsel nur im Weg. Das Leben wird auf eine reduzierte Form gebracht, in einem Raum, wo für persönliche Zuwendung aus Kostengründen kaum Zeit bleibt. Das ist das Schicksal vieler alter pflegebedürftiger Menschen: vergessen und verdrängt, obwohl sie noch leben.

Die so gern in den Vordergrund gestellte Biografie-Arbeit als moderner Ansatz für eine Körper und Seele umfassende Pflege kann dem tatsächlich nur wenig entgegensetzen. Dafür ist nicht nur die Zeit zu knapp. Oft ist es für das Pflegepersonal schwierig, überhaupt noch etwas über die Bewohner zu erfahren, etwa wenn diese zu verwirrt sind und keine Angehörigen mehr haben, die Auskunft geben könnten. Der enorme Zeitdruck, unter dem das Personal steht, erleichtert es nicht gerade, sich geduldig mit dem Vorleben der Bewohner zu beschäftigen. Eine Ausstellung des Fotografen Christian Lehsten, der Pflegebedürftige in einem Heim porträtiert hat, beleuchtet exemplarisch, wie wenig von ihrem Leben noch wahrgenommen wird: Lehstens Bilder zeigen die alten Menschen als Persönlichkeiten, deren ausdrucksstarke Gesichter erahnen lassen, wie viel sie erlebt und erlitten haben. Seine Bilder wecken die Neugier, mehr über diese Menschen zu erfahren. Das, was von der langen Lebensgeschichte in den Aufzeichnungen des Heims übrig geblieben ist, steht neben den Bildern. Lehsten zitiert die spärlichen Angaben wortgetreu aus den Unterlagen der Pflegestation: „Paula G., 88. Geboren in München. Verwitwet, Geschäftsfrau", steht unter einem Porträt. Oder: „Emma M., 85. Geboren in Modelsdorf, verwitwet zwei Söhne. Hausfrau. Frau M. war als Hausfrau tätig und hat ihre zwei Söhne großgezogen." Geburtsort, Familienstand und Beruf sind akribisch festgehalten, vom langen Leben, das noch nicht zu Ende ist, zeugen meist nur wenige Worte. Über Ernestine G., 92, „geboren in Augsburg, verwitwet, Hausfrau, Bankangestellte", ist dokumentiert: „In Augsburg geheiratet mit 20 Jahren und dann mit Ehemann nach München. ‚Mein Leben war überhaupt schön. Probleme hatte ich wenige. Ich habe viel gestrickt, Turnen, Skifahren (nicht gut). Sehr viele Auslandsreisen mit dem Mann in Europa. Ich war eine selbständige Frau.'" Alles Vergangenheit, vorbei. Leben in der Erinnerung, die Gegenwart reduziert auf das Erwarten des Todes: „Mein einziger Wunsch, schön einzuschlafen."

Es sind Zeugnisse des bedrückenden Wartens, die auch die Kunsttherapeutin Bodil Schroeter während ihrer Therapiestunden in einem Münchner Alten- und Pflegeheim gesammelt hat. Die Schicksale der von ihr betreuten Frauen gleichen einander: der Ehemann schon längst gestorben, die Freunde auch. „Ich habe den lieben Gott gebeten, er soll mich jetzt holen", sagt Katharina F. und fügt hinzu: „Aber er lässt mich leben." Die geistig sehr wache 96-Jährige telefoniert täglich mit dem Handy, das ihr die Kinder geschenkt haben. Sie sorgt sich mehr um die Kunsttherapeutin Bodil Schroeter, als um sich selbst: „Ach gehen Sie doch nach Haus, das ist doch alles furchtbar, was Sie hier sehen. Die ganzen Kranken und Alten, wir sind doch alle nichts mehr wert." Wie schwer sich Menschen damit tun, mit den Einschränkungen zurechtzukommen, die das Alter mit sich bringt, wie bitter manche Lebensbilanz ausfällt, haben einige der Bewohner Bodil Schroeter anvertraut, die ihre Zitate aufgezeichnet hat. „Zu wenig zum Leben, zu viel zum Sterben", urteilte Katharina F., „es dauert zu lange." Bittere Worte einer alten Frau, die in ein Heim umgezogen ist, aus eigenem Antrieb, wie sie betont: „Ich kann mich nicht mehr auf mich verlassen."

20 Stunden pro Woche bietet Bodil Schroeter Kunsttherapie als Teil des Beschäftigungsangebots, zu dem auch Basteln und Sitztanz mit Honorarkräften gehören. Obwohl sich viele alte Menschen in vergleichbaren Situationen befinden, kommen sie untereinander kaum in Kontakt, weil die soziale Fähigkeiten oft schon reduziert ist und die Eigenheiten groß sind. Die Betreuungsangebote werden aus dem Pflegesatz finanziert. „Es ist ein großer Luxus, dass wir ein solches Angebot haben. Wir könnten mehr solche Angebote gebrauchen", sagt Michaela Stern, die Heimleiterin des Caritas-Alten- und Pflegeheims St. Antonius in München. „Der Bedarf wäre noch viel größer."

Wenn Bodil Schroeter neue Bewohner für ihr Angebot gewinnen will, Vergangenheitsbewältigung zu betreiben, aber auch mit der neuen Situation fertig zu werden, macht sie dies nicht ohne Umschweife. Sie hat gelernt, dass sie das Wort Therapie besser nicht in den Mund nimmt. Denn sonst bauen die alten Leute erst recht Widerstand auf mit der Frage: „Stimmt etwas nicht mit mir?" Seitdem sie einfach Kontakt anbietet, erst zu Kaffee oder Spaziergängen und später dann zum Malen einlädt, klappt es besser. „Bedrückend ist oft die Einsamkeit der Menschen." Die Einsamkeit mitten unter anderen Menschen. Das Malen, wenn auch nur einmal in der Woche, durchbricht das graue Einerlei der Untätigkeit und der Ereignislosigkeit: Fernsehen langweilt, Lesen geht oft wegen der nachlassenden Sehkraft oder beginnenden Verwirrtheit nicht mehr, und die Mahlzeiten, die den langen Tag in Abschnitte teilen, sind schnell vorüber.

Bodil Schroeter wendet sich den Menschen zu, kann sich etwas Zeit für sie nehmen, Zeit, die das Pflegepersonal kaum erübrigen kann. Selbst eine verwirrte Frau, die meist nur „zack, zack" sagt, lässt sich mit Geduld zum Malen in einer der Kleingruppen mit bis zu fünf Leuten motivieren. Schwieriger war es, mit den alten Menschen ins Gespräch zu kommen. „Meine beruflichen Ambitionen, analytisch-therapeutisch Vergangenheit und Gegenwart in Gesprächen oder über das Malen mit ihnen zu verarbeiten, wurden zunächst freundlich, aber bestimmt abgelehnt", erinnert sich Bodil Schroeter an ihre Anfänge. „Nur sehr langsam wurde ich hineingelassen in ihr Leben und reich belohnt durch das Vertrauen und die Aufmerksamkeit, die sie mir nun zeigten." „Durch die Gespräche", sagt sie, „lerne ich viel über die Zeit und die unsäglichen Verluste der Kriegseltern-Generation". Aus den Interviewsausschnitten hat sie zusammen mit den Zeichnungen eine Broschüre zusammengestellt. Sie selbst beschäftige sich nicht mit Tod und Sterben, gesteht Bodil Schroeter: „Ich bin noch so aktiv im Leben und ich hatte einen Vater, der war fit bis zuletzt." Sie sei nicht ängstlich, doch der Gedanke „ich habe einen Schlaganfall und wohne dann hier" sei schrecklich.

Oft geht es bei den Angehörigen der Kriegsgeneration um Vertreibung und Flucht, um Erlebnisse, über die sie kaum gesprochen haben und bei deren Verarbeitung noch kein Kriseninterventionsteam half. „Ihr Kapital sind die Erinnerungen und die Lebenserfahrungen", sagt Schroeter. Körperliche Gebrechen haben die alten Menschen ihrer Selbständigkeit beraubt: Stürze und beginnende Verwahrlosung lösen den Umzug ins Heim aus. Groß ist die Trauer über den Verlust der eigenen Wohnung. „Es ist ein langsames Abschiednehmen", sagt die Heimleiterin. „Die Menschen sind immer mehr auf Hilfe angewiesen, es geht immer mehr Individualität verloren – ganz besonders schlimm ist es für sie, wenn sie merken, dass die geistigen Fähigkeiten nachlassen, die Erinnerungen durcheinander purzeln."

Johanna H., 78, zum Beispiel hat das Leben nie verwöhnt. Lange Jahre war sie selbständig berufstätig – nun ist sie schwer krank und depressiv. Gesundheit sei ihr Lieblingswort, hat sie Bodil Schroeter anvertraut: „Mein Lieblingswort ist auch mein Lebenswunsch. Ist es zu spät für Wünsche?" Die innere Erschütterung eines Menschen, der es gewohnt war, sich mit eiserner Disziplin zu behaupten, aber der ständig spürt, wie nun seine Kräfte nachlassen, wird in wenigen Worten spürbar: „Ich lese immerzu, Satz um Satz. Leider kann ich vieles nicht verstehen. Vielleicht konnte ich nie viel verstehen. Meine Beerdigung ist geregelt. Ob der Bio-Sarg stabil ist? Ich will nicht durchfallen." Aus ihrem Bild spricht der vom Erlöschen bedrohte Lebenshunger: eine leere Bank auf einem Hügel mit drei Bäumen. „Ich habe viel Sehnsucht, schon immer."

Berta G. hat dagegen ihr letztes Ziel hart und klar formuliert: „Weg! Weg aus dieser Welt." Die 90-jährige Witwe resümiert sehr nüchtern: „Alle sind weg, nur noch ich bin da." Sie hat klaglos harte Schicksalsschläge ertragen: „Der liebe Gott hat mir viel zugemutet", umschreibt sie die Grausamkeiten, die sie erdulden musste: „Erst mein Sohn, der mit 19 Jahren verunglückt ist. Dann mein Schwiegersohn, auch verunglückt. Dann starb mein Mann. Meine Tochter sitzt im Pflegeheim und kann nicht mehr sprechen. Sie lächelt nur, versteht nichts. Ja, natürlich ist das besser als weinen."

Maria C., 92, wurde noch früher Witwe. Sie arbeitete viel, um ihre drei Kinder allein und ohne fremde Hilfe durchzubringen. Jetzt sagt sie: „Es ist schwer, nichts mehr zu können. Mein Kopf ist klar und meine Haut noch glatt. Bis ich 90 wurde, konnte ich ohne Hilfe noch viel." Sie denkt oft über ihr Leben im Heim nach und kommt zu dem Schluss: „Die Zeit ist vorbei, ich erwarte nichts mehr."

Wer an die Kinderheime von vor 30 oder 40 Jahren zurück-
denkt, dem fällt dazu schnell der Begriff Verwahranstalt ein.
Inzwischen hat sich die Erkenntnis durchgesetzt, dass Kinder,
wenn sie nicht in der Familie leben können, am besten in kleinen, familienähnlichen Wohngruppen aufgehoben sind. Ein
Heim, das nicht diesen Standard zu bietet hat, würde von den
Jugendämtern nicht mehr belegt werden. Dass die Kosten für
diese Einrichtungen die Pflegesätze von Pflegeheimen deutlich
übertreffen können, darüber wird nicht diskutiert, aber die bau-
lichen Standards und die Situation in den Pflegeheimen sehen
auch anders aus. Die Forderung, in der Altenpflege kleine, fa-
milienähnliche Lebens- und Wohnformen zu schaffen, kam erst
sehr viel später als in der Jugendhilfe und sehr viel weniger
nachhaltig.

Verwahranstalten nennt das Kuratorium Deutsche Altershilfe (KDA) die Pflegeheime, die in den Nachkriegsjahrzehnten
entstanden sind. Damals habe es weder Wohn- noch Pflegekon-
zepte gegeben. Die pflegebedürftigen Menschen wurden in an-
staltsähnlichen Bauten verwahrt und als „Insassen" bezeichnet.
Mehrbettzimmer reihten sich an langen Fluren aneinander. In der
nächsten Generation des Altenheimbaus von Mitte der 60er Jahre an wurden die Häuser stärker auf die Pflege hin orientiert. Die
Konzeption folgte dem Krankenhausbau, denn die Arbeitsabläu-
fe in der Pflege sollten optimiert werden, während die Bedürfnisse der alten Menschen keinen so großen Stellenwert hatten.

In den 80er Jahren entwickelte das KDA dann als Modellprojekt das „Wohngruppenkonzept", das die Bedürfnisse der Bewohner in den Vordergrund rückte und Gemeinschaftsräume
vorsah.

Für ein noch weitergehendes Umdenken trat das fortschritt-
liche Kuratorium Deutsche Altershilfe mit einer Fachtagung im

Jahr 2000 ein. Gerade mit Blick auf die steigende Zahl verwirrter alter Menschen forderte es: „Weg mit großen Einrichtungen und Anstaltsarchitektur." Denn vor allem dort tun sich verwirrte Menschen besonders schwer, während das Leben in kleinen, überschaubaren Einheiten die Orientierung erleichtert. Die vom KDA initiierten Hausgemeinschaften beginnen sich als neues Konzept allmählich durchzusetzen. Die pflegebedürftigen Bewohner leben dabei in Gruppen von sechs bis acht Personen ähnlich wie in einer Großfamilie zusammen – „ohne heimtypische Regelungen und Strukturen", wie das KDA betont. „Das Gemeinschaftsleben spielt sich zumeist ‚rund um den Herd' in einer geräumigen Wohnküche ab. Die Mitglieder der Hausgemeinschaft beteiligen sich je nach Fähigkeiten und Vorlieben an Alltagsaktivitäten wie Einkaufen, Kochen, Spülen oder Bügeln. Eine Hauswirtschafts-Fachkraft hilft ihnen dabei und steht als Begleit- und Kontaktperson zur Verfügung." Den Vorzug dieser Wohn- und Betreuungsform beschreibt der Leiter der KDA-Abteilung Architektur, Hans-Peter Winter: „Durch diese aktive Einbindung ins Alltagsgeschehen und die vertrauten Räume, Abläufe, Geräusche und Gerüche erhalten gerade verwirrte Bewohner eine bessere Orientierung, mehr Sicherheit und somit mehr Lebensqualität." Um dies zu erreichen, müssten viele der bestehenden Heime in kleinräumige Einrichtungen umgewandelt werden. „Wir müssen weg von der Anstaltsarchitektur. Denn große, krankenhausähnliche Einrichtungen verwirren Verwirrte nur noch mehr", betont Winter. Als Übergangslösung schlägt er eine Verkleinerung der Organisations- und Wohnbereiche vor. Gleichzeitig kritisiert das KDA, dass immer noch mehr als die Hälfte der Bewohner von Pflegeheimen in Zwei- oder Mehrbettzimmern leben müssen.

Oft lassen sich Heime, die in die Jahre gekommen sind, nur schwer an das moderne Hausgemeinschaftskonzept anpassen. Oft werden aber auch bereits vorhandene Erkenntnisse nicht in der Heimarchitektur umgesetzt. Zum Teil aber laufen die

Sicherheitsauflagen von Bauaufsicht und vorbeugendem Brandschutz dem Ziel zuwider, Heime wohnlicher zu gestalten. Den grundlegenden Konflikt brachte das Frankfurter Forum für Altenpflege bei einer Tagung auf den Punkt: Die Auflagen schreiben etwa vor, „dass sich in den Fluren und Nischen – die zugleich auch Fluchtwege sind – keine Möbel und Sitzgelegenheiten befinden. Doch gerade diese Bereiche, in denen sich die Leute treffen, sind von vielen Bewohnern begehrt, vor allem wenn diese Räume gemütlich gestaltet sind." Das verwendete Material von der Gardine bis zum Möbelbezug muss schwer entflammbar sein, was die Auswahl einschränkt und die Anschaffung erheblich verteuert. Als Konsequenz daraus sei ein Trend zur spartanischen Einrichtung zu beobachten, klagt Heinz Rauber, Geschäftsführer des Heinrich-Schleich-Hauses. „Die Anschaffung von ‚Bushaltestellenmöbeln' verbreitet sich. Der Flur verkommt zu einem kommunikationsfeindlichen Fluchtweg. Angehörige begegnen einzelnen erfüllten Auflagen des Brandschutzes mit Kopfschütteln." Die Bemühungen um eine gemütliche Atmosphäre sieht dagegen Klaus Jürgen Czech von der Frankfurter Branddirektion im krassen Widerspruch zu den gesetzlichen Vorgaben: „Durch die Möblierung werden erhebliche Brandlasten in die Rettungswege (Flure) eingebracht, die im Schadensfall in kürzester Zeit allein durch das entstehende Rauchvolumen diese Flure unbenutzbar machen können." Kritisch bewertet Czech auch das Vorgehen, wie in älteren Heimen nachträglich Gemeinschaftsräume geschaffen werden: Da würden die Trennwände eines früher für die Pflege genutzten Zimmers herausgebrochen. In die so entstandene Flurerweiterung werde eine Sitzecke gestellt. Dadurch werde zwar nicht der Rettungsweg behindert, aber die Rauchausbreitung bleibe ein Problem.

Für verwirrte Menschen ist eine sinnvoll durchdachte Architektur besonders wichtig. Statt eines langen Flurs, der am Ende versperrt ist, kann der Korridor als Endlosschlaufe dem Bewegungsdrang Dementer entgegenkommen und deren Aggressionen abbauen. Der Zugang zu einem geschützten Gartenbereich, der statt mit Zäunen mit Hecken abgeteilt ist, schafft weiteren Freiraum. Wichtig ist eine optimale Überschaubarkeit. Rampen sind besser als Stufen. Uneinheitliche Bodenstruktur schafft visuelle Barrieren für Demente und wird deshalb am besten vermieden, genauso wie etwa spiegelnde Bodenbeläge, wie sie immer noch in sehr vielen Häusern zu finden sind. Die farbliche Gestaltung kann das Auffinden des eigenen Zimmers erleichtern. Alle älteren Bewohner profitieren von einem Lichtkonzept, das berücksichtigt, dass sie erheblich mehr Helligkeit benötigen, um trotz zunehmender Linsentrübung ausreichend sehen zu können. Doch gerade die in den Pflegezimmern vorhandene Deckenbeleuchtung kann die nötige Helligkeit oft nicht bieten. Bei lichten Neubauten mit viel Glas wiederum wird übersehen, dass ein ausreichender Sonnenschutz unbedingt notwendig ist, um die betagten Bewohner vor einer Hitzeentwicklung zu schützen, die sie enorm belastet.

Die Tür geht auf, forsch sagt die Altenpflegerin: „Guten Morgen, Oma, wie geht es uns denn? Hast du gut geschlafen?" Die Frau im Bett ist weder die Oma der Pflegerin, noch hat die alte Frau ihr das Du angeboten. „Liebchen", „Schätzchen" und „Mäuschen" ist ebenso wenig als Anrede angebracht, wird aber dennoch von manchen Pflegekräften benutzt, ungeachtet dessen, dass diese Vertrautheit nicht besteht. Gemessen an den vielen Facetten entwürdigender Behandlung von Hilf- und Wehrlosen mag dieser alles andere als höfliche Umgang nur eine Kleinigkeit darstellen. Doch stärker als der düpierende Ton wirkt die Haltung, die dahintersteht. Das Beispiel zeigt, dass man vor dem anderen nicht den geringsten Respekt hat, ähnlich wie die unsägliche Floskel „du nix verstehen" gegenüber Menschen, die eine andere Sprache sprechen. Ein Ergotherapeut, der regelmäßig Bewohner eines Pflegeheims aufsucht, hat dort einen Umgangston beobachtet, „den ich nicht als würdig erachte: Die Heimbewohner werden von den Pflegekräften mit Du angesprochen." Geistig verwirrte Bewohner würden angeschrien, wenn sie den Raum verlassen wollten. Der Umgangston in dem Haus sei völlig verroht, wie der Therapeut einmal durch eine offene Zimmertür mitbekam: „Ich hörte plötzlich im Zimmer nebenan die laute Stimme einer Pflegerin, die einen Patienten übelst beschimpfte, da dieser eingekotet hatte. Ich hörte von der Pflegerin: ‚Du Schwein, du Sau!' Als ich auf den Gang trat, um zu sehen, um welche Pflegekraft es sich handelte, erkannte mich diese, als sie gerade das Zimmer verließ. Als sie zurückkam, war plötzlich ein sehr freundlicher Umgangston zu vernehmen."

Entwürdigend ist aber auch der Umgang, wenn auf die Bedürfnisse des Pflegebedürftigen keinerlei Rücksicht genommen wird. Dafür gibt es immer wieder besonders schlimme Beispiele: Heime, in denen etwa die Nachtwache mit der Grundpflege beginnt, um die schlecht besetzte Frühschicht zu entlasten. Im Extremfall wird gegen ein Uhr nachts mit der Grundpflege begonnen, häufiger aber in den frühesten Morgenstunden, etwa von vier Uhr an. „Ist der Frühdienst mit nur zwei Pflegekräften besetzt, muss der Nachtdienst so ab 4.30 bis 5.30 Uhr mit dem Waschen beginnen, sonst ist die Arbeit im Frühdienst nicht zu schaffen", schildert eine Altenpflegerin ihre Erfahrungen im Heim.

Der Regelfall – dem Tagesablauf im Krankenhaus entsprechend – sieht nicht viel besser aus. „Ab sechs Uhr geht's los", berichtete eine andere Pflegefachkraft von ihren Erfahrungen aus zwei Heimen. Dass viele Bewohner gerne länger schlafen würden, spielt keine Rolle. Tür auf, meist ohne Anklopfen zuvor, Licht an, Wecken fast wie in der Kaserne. „Manchmal bin ich mir vorgekommen wie auf einer Olympiade – wer setzt die meisten Bewohner vor dem Frühstück raus, wer duscht am meisten." Es würde nicht einmal gefragt, „ob sie geduscht werden wollen, sie werden auf den Toilettenstuhl gesetzt und unter die Dusche gezerrt". Doch die Pflegekraft hat noch drastischere Szenen in Erinnerung: „Ich habe erlebt, dass Bewohner auf dem Toilettenstuhl gegessen haben, damit man nachher schneller fertig ist." Eine weitere Altenpflegerin aus einem anderen Heim hat die gleichen Erfahrungen gemacht: „Die hilfsbedürftigen Menschen müssen ihr Frühstück, teilweise auch die anderen Mahlzeiten in der nassen, mit Stuhlgang vollen Windel einnehmen. Mir verschlug es die Sprache, als ich mitbekam, dass Kolleginnen eine Frau auf dem WC-Stuhl an den Tisch setzten und das Frühstück hinstellten. Eine Bewohnerin wurde auf dem WC-Stuhl zu ihrer Mitbewohnerin an den Tisch gesetzt, um Stuhlgang zu machen."

Am häufigsten sind die Beschwerden im Zusammenhang mit dem Toilettengang. Einen alten Mann oder eine alte Frau zur Toilette zu führen, kostet Zeit – und die ist knapp, wenn die Personaldecke dünn ist. Gerade gestresstes Personal neigt dazu, das

Klingeln nach dem Toilettengang als Schikane zu empfinden. „Die war doch gerade erst, was braucht die denn nun schon wieder, jetzt muss sie mal warten", solche Äußerungen offenbaren Überforderung ebenso wie Unverständnis, etwa für die Blasenschwäche des Bewohners.

Weil viele Bewohner deshalb ohnehin bereits eine Inkontinenzeinlage – eine Windel – tragen, verweisen die Pflegekräfte dann oft darauf: „Machen Sie bitte in ihre Windel, ich mache Sie dann später sauber." Wie erniedrigend das ist, musste eine 99-jährige Frau erleben, die im Wohnbereich eines Münchner Pflegeheims lebte. Sie sollte aus ihrem Appartement in die Pflegeabteilung verlegt werden, weil sie trotz Einlage nachts gelegentlich nach der Schwester läutete, um sich zur Toilette bringen zu lassen. Der drohende Umzug in ein Zweibettzimmer, das sich die alte Frau mit einem fremden Menschen hätte teilen müssen, weckte in ihr nur noch einen Wunsch: Vor ihrem 100. Geburtstag sterben zu können. Die Enkelin, die sich um die Frau kümmerte, war verzweifelt und ratlos. Weil die Großmutter die Verlegung fürchtete, hat die Enkelin ihr geraten, nachts in die Windeln zu machen: „Meine Oma hat 99 Jahre gelernt, nicht in die Hose zu machen. Nun muss ich ihr sagen, dass sie sich nicht so anstellen soll. Dabei kann ich sie so gut verstehen. Ich schäme mich vor meiner Oma. Es tut mir in der Seele weh." Sie habe doch nur noch den einen Wunsch: „In ihrem Zimmer zu verbleiben und zur Toilette gebracht zu werden. Ist das zu viel verlangt?" Die alte Frau sei sehr genügsam und anspruchslos. Der Gedanke aber, ihr Einzelzimmer im Wohnbereich mit einem Doppelzimmer in der Pflegeabteilung tauschen zu müssen, sei für sie ein Horror. Im Wohnbereich wird eigentlich nur eine Notfallversorgung angeboten, regelmäßige Toilettengänge gehören nicht dazu. „Der Druck auf meine Oma wird immer größer, sie ist verzweifelt." Die Angehörigen fühlen sich nicht minder unter Druck gesetzt, schließlich hatte die alte Frau eine Klausel in dem Heimvertrag unterschrieben, wonach sie bei Pflegebedürftigkeit in die Pflegeabteilung umzieht. Sie raten der 99-Jährigen – nicht ohne Gewissensbisse – es doch zu versuchen, in die Windel zu machen oder aber nach 16 Uhr nichts mehr zu trinken – ein gesundheitsgefährdender Rat. Erst als die Presse über den Fall berichtete, lenkte das Heim ein.

Eine 80-jährige Frau im selben Heim hatte weniger Glück: Ihr blieb der Umzug aus dem Wohntrakt in die Pflegeabteilung nicht erspart, wie ihre Tochter berichtete. Sechs Jahre hatte sie ein Appartement bewohnt. „Alle drei Stunden hat mal jemand vorbeigeschaut, aber wenn sie dazwischen oder nach 20 Uhr auf die Toilette musste, stand niemand zur Verfügung", schilderte die Tochter die Situation unmittelbar vor dem Umzug. „Folglich wurde meine Mutter ganz kurzfristig ins Pflegehaus abgeschoben." Die Betreuung dort, so die Tochter, sei „gut – bis auf eins: Meine Mutter, die geistig noch völlig auf der Höhe ist, wird nicht auf die Toilette geführt. Sie muss in die Windel machen. Darunter leidet sie sehr, ist völlig depressiv geworden und hat sich aufgegeben."

In vielen Pflegeabteilungen sind Toilettengänge wegen des Zeitaufwands nicht gern gesehen. „Sie brauchen doch nicht aufs Klo, Sie haben eine Windel", lautet der vorgeblich wohlmeinende Hinweis, mit dem die tiefe Demütigung kaschiert wird. Oder es heißt ganz einfach: „Jetzt ist keine Toilettenzeit." Die Tochter einer Pflegebedürftigen prangert die Brutalität dieser Haltung an: „Was für eine Kränkung eines Menschen, der einmal selbst sein Leben in der Hand hatte, gezwungen zu werden, den Toilettengang unter sich ergehen lassen zu müssen."

Groß war auch die Verzweiflung einer 85-Jährigen, die ihren Ehemann in der gleichen Situation leiden sah und bitter fragte: „Gibt es ein Gesetz, das einen alten Menschen zwingen kann, in die Windel zu machen? Er kann noch selber stehen, er meldet sich auch, wenn er zu Toilette muss. Im Krankenhaus haben sie ihm wenigstens die Flasche gegeben." Aber in dem Heim werde er gezwungen, in die Windel zu machen. „Er schämt sich so, das ist so erniedrigend." Wenn er läutet, kommt niemand. Wenn jemand kommt, dann heißt es: „Machen Sie in die Windeln, dafür haben Sie die doch." Oft sei er vollkommen durchnässt. „Das hat er nicht verdient, er war so ein lieber Mann."

Auch die Tochter eines Pflegebedürftigen in einem anderen Heim bestätigt: „Das Problem, dass pflegebedürftige Bewohner auf die Toilette müssen, aber das Pflegepersonal keine Zeit hat, sich darum zu kümmern, ist permanent gegeben. Und hier wird die Würde der Menschen am meisten verletzt. Immer wieder erlebe ich, dass solche armen Bewohner verzweifelt rufen: ‚Ich muss aufs Klo!', ohne dass jemand Zeit hat, sich darum zu kümmern." Eine Bewohnerin habe geklagt, da könne man klingeln und rufen, solange man wolle, es käme doch niemand, wenn man nicht dran sei. Das gelte vor allem zu den „Stoßzeiten", wenn die Bewohner morgens aus dem Bett geholt und gewaschen werden, zu den Essenszeiten und beim Zubettbringen am Abend. „Sie sagen dann immer: ‚Es geht jetzt nicht. Machen Sie in die Windel'", gesteht die pflegebedürftige alte Frau flüsternd ihrer Tochter, weil sie sich fürchterlich schämt. „Natürlich will meine Mutter nicht in die Windel machen", berichtet die Tochter, denn das sei würdelos und unangenehm. „Deshalb verhält sie es sich, solange sie kann – oft stundenlang. Das Schlimme dabei ist, dass es zuletzt doch in die Windel geht – dann, wenn es schließlich nicht mehr länger zurückzuhalten ist, und vor allem auch in dem Moment, wenn sie dann mit fremder Hilfe – wenn sie dran ist – aufsteht." Das sei besonders schlimm, weil sich ihre Mutter dann auch noch schämt, „als sei es ihr Versagen, und sich darum unterwürfig entschuldigt: ‚Ich habe es nicht mehr halten können.'" Eigentlich müsste jeder Mensch verstehen, dass der nicht gewährte Toilettengang sowohl seelisch als auch körperlich Folter bedeutet: „Jeder, der einmal dringend musste und keine Gelegenheit finden konnte, sich zu entleeren, weiß, welche Qualen man in solch einer Situation durchmacht."

Über verweigerte Toilettengänge berichten längst nicht nur Angehörige.

Eine Pflegekraft schildert, wie ungehalten die Kollegen reagierten, als eine Bewohnerin während der Pausenzeit des Personals auf die Toilette gehen wollte: „Was? Muss das jetzt sein? Sie waren doch gerade erst vor fünf Minuten!" Diese Bewohnerin werde wohl nie wieder fragen, ob sie zur Toilette gebracht werden könne, vermutet die Pflegekraft: „Die Folge wird sein, dass sie irgendwann vor lauter Angst in die Hose macht und dann ‚gepämpert' wird, wie es von vielen gedankenlos und unsensibel formuliert wird." Immer wieder berichten Pflegekräfte vertraulich davon, wie peinlich ihnen die Situation in dem Heim ist, in dem sie arbeiten: Menschen, die mit fremder Hilfe noch zur Toilette gehen könnten, aus Zeitmangel auf die Windel verweisen zu müssen, obwohl sie doch in ihrer Ausbildung gelernt haben, dass zur menschenwürdigen und aktivierenden Pflege auch Toiletten- und Kontinenztraining gehört.

Aber auch wer nicht gezwungen wird, seine Notdurft in die Windeln zu verrichten, kann einer entwürdigenden Behandlung nicht überall entkommen. Eine ehrenamtliche Helferin berichtet, dass eine 81-jährige, zierliche alte Frau stundenlang nackt auf dem Toilettenstuhl festgeschnallt war – die Zimmertür sei außerdem noch offen gestanden. Der zur Rede gestellte Pfleger fand nichts Unrechtes daran, dass man zwei Stunden auf dem Toilettenstuhl verbringen müsse: „Das dauert bei vielen alten Menschen etwas länger." Der davon unterrichtete Heimleiter meinte zwar, das dürfe nicht passieren. Aber dabei hatte er weniger die Bewohnerin im Blick: „Wenn das bekannt wird, dann haben wir die Beschwerdestelle am Hals und kommen noch in die Zeitung."

Dass die Beispiele für die Verweigerung des Toilettengangs weder Extrem- noch Einzelfälle sind, hat auch der Medizinische Dienst der Krankenversicherung in einer Untersuchung bestätigt: „Vielfach wurde festgestellt, dass Inkontinenzhilfen gegen den Willen der Pflegebedürftigen eingesetzt werden, obwohl der Pflegeheimbewohner bei entsprechendem Training und personeller Unterstützung die Toilette aufsuchen kann und will. Einrichtungsträger erliegen in zunehmendem Maße den Verheißun-

gen der Inkontinenzmittelhersteller und bringen immer groß-
volumigere Inkontinenzeinlagen zum Einsatz, die oft unange-
messen lang nicht gewechselt werden."

Inzwischen sind schon Produkte im Angebot, die eine „Saugleistung" von mehr als vier Litern aufweisen. Um den Trend zur
Pflegeerleichterung nicht allzu kostspielig werden zu lassen, hat
eine bekannte Pflegehilfsmittel-Firma ein Computerprogramm
entwickelt – „per Mausklick zur optimalen Inkontinenzversorgung", lautet das Angebot zur sparsameren Windelversorgung.
Der Hersteller hat dazu nach eigenen Angaben die „Beladungs-
gewichte von Inkontinenzslips" – gemeint ist also das Gewicht
der von der Windel aufgenommenen Urin- und Kotmenge – in
sieben deutschen Pflegeheimen untersucht. Das Ergebnis: „Von
5000 benutzten Produkten hatten 55,3 Prozent weniger als 200
Gramm Beladung. Mehr als die Hälfte aller Patienten wurde damit zu teuer versorgt." Sie hatten also die Hosen noch nicht voll
genug. Die verwendete hohe Saugleistung, teuer bezahlt, hat
sich nicht rentiert. In manchen Heimen dürfte diese Erkenntnis
wohl so verstanden werden, dass man mit dem Wechseln der
Windeln noch länger warten kann als bisher – das spart Zeit
und senkt Kosten.

Die Betroffenen können sich nicht wehren. Ihr Widerstand
äußert sich anders: Viele alte Menschen, die auf Hilfe beim Toilettengang angewiesen sind, trinken ganz wenig, um nicht in die
Windel machen zu müssen oder dem überforderten Personal
durch Toilettengänge zur Last zu fallen. Die drohende Austrocknung aber führt zu zunehmender Verwirrtheit.

Eine Altenpflegerin beschreibt die für sie deprimierende Situation: „Ich bitte eine alte Frau, doch mehr zu trinken. Sie ant-
wortet: Dann müsst ihr ja noch mehr rennen und mit mir öfters
zum Klo gehen. Ihr seid doch bloß zu zweit! – Das darf doch
nicht wahr sein: Die alte Frau trocknet bewusst aus, damit sie
uns keine Arbeit macht." Der rechtliche Betreuer einer 83-jähri-
gen Frau hat erlebt, dass das Personal nur zögernd der Bitte
nachkommt, eine nasse Windel zu wechseln. „Die ältere Dame

trinkt weniger, da sie immer Angst hat, in die Hose zu machen. Dieser Zustand ist entwürdigend und menschenverachtend, ebenso wie das Verlangen des Heims, bei Bedarf eine neue Windel zu erbitten." Der Austausch voller Windeln müsse doch selbstverständlich sein und nicht erst auf Bitten erfolgen.

Angesichts solcher Zustände nimmt es nicht Wunder, dass Pflegebedürftige beim Toilettengang oder bei der Intimpflege nicht unbedingt erwarten können, dass sich eine Pflegekraft ihres eigenen Geschlechts um sie kümmert. Selbstverständlich: Manchen Betroffenen ist das egal. Aber es gibt alte Frauen, deren Schamgefühl verletzt ist, wenn sie eine männliche Pflegekraft auszieht und wäscht. Es gibt Frauen, die in den Kriegsjahren Opfer von männlicher Gewalt wurden. Ist das schwer zu verstehen, dass sie sich nicht Männern wehrlos ausgeliefert fühlen wollen? Es gibt Männer, die sich selbst ihren eigenen Kindern niemals nackt gezeigt haben. Ist es da schwer zu verstehen, dass sie sich nicht vor jungen Frauen völlig entblößen wollen? Eigentlich doch nicht – aber dennoch entscheidet in vielen Heimen der Zufall darüber, von wem man sich waschen lassen muss.

Dabei hat das Bundesministerium für Familie, Senioren, Frauen und Jugend eigens sogar ein Rechtsgutachten erstellen lassen zum „Recht auf Pflegekräfte des eigenen Geschlechts unter besonderer Berücksichtigung der Situation pflegebedürftiger Frauen". Denn etwa 75 Prozent der Pflegebedürftigen in der stationären und rund 65 Prozent in der ambulanten Pflege sind Frauen. „Ziel der ambulanten wie stationären Pflege ist nicht nur die Grundversorgung der Pflegebedürftigen. Die Pflege muss vielmehr sicherstellen, dass Menschen im Alter, mit einer Behinderung oder Erkrankung trotz ihres Hilfebedarfs ein möglichst selbständiges, selbstbestimmtes und würdevolles Leben führen können", hat das Bundesministerium verkündet. In dem Gutachten von Professor Dr. Gerhard Igl, Direktor des Instituts für Sozialrecht und Sozialpolitik in Europa der Universität Kiel, wird das Recht auf geschlechtsspezifische Pflege ganz klar bejaht. In einer Presseerklärung preist das Ministerium das Gutachten: „Es bietet allen im Pflegesektor Tätigen einen umfassenden Einblick in die rechtlichen Rahmenbedingungen und gibt wertvolle Anregungen, wie das in der Verfassung verankerte Recht pflegebedürftiger Frauen und Männer auf den staatlichen Schutz ihrer Würde und Selbstbestimmung verwirklicht werden kann und muss." Ein schönes Papier. Aber was nützt es? Die Praxis im Pflegealltag sieht leider sehr häufig anders aus.

Eine Anruferin berichtet über die erniedrigenden und entwürdigenden Zustände und fragt: „Habe ich die Möglichkeit, darauf zu bestehen, dass meine Mutter im Intimbereich nicht ständig von wechselnden männlichen Pflegekräften gewaschen wird? Manchmal ist es schon zum Verzweifeln." Die betroffene Frau, weit über 80 Jahre alt, sitze im Rollstuhl, sei aber geistig noch sehr rege. „Sie bittet persönlich nicht nur in der Station, sondern auch beim Heimleiter darum, bei der täglichen Wäsche im Intimbereich von weiblichen Pflegekräften versorgt zu werden. Leider ohne Erfolg!" Als Argument wird lapidar angeführt, der Dienstplan sei leider nicht anders einzurichten. Die Tochter versteht das nicht: „In dieser Pflegeabteilung arbeiten mehr weibliche als männliche Pflegekräfte. Hier geht es doch nur um eine kleine interne Umorganisation, die nichts kostet, außer den Willen, einem älteren Menschen zu helfen und ihn nicht zu quälen." Für die betroffene Frau sei es, wie für viele gebrechliche ältere Menschen, schon schlimm genug, ständig auf fremde Hilfe angewiesen zu sein. „Jeden Morgen wartet sie voller Angst und Aufregung auf das Öffnen der Zimmertür. Wer wird ihr heute beim Waschen helfen?"

Eine psychosoziale Betreuung wird noch immer nicht in allen Heimen in der Bundesrepublik angeboten. Der Medizinische Dienst der Spitzenverbände der Krankenkassen (MDS) kommt in seinem Ende 2004 vorgelegten ersten Qualitätsprüfungsbericht zu dem Ergebnis, dass in 7,3 Prozent der bundesweit überprüften Pflegeeinrichtungen keine soziale Betreuung bereitgestellt wird. Aussagen über den Umfang der Betreuung, die in 92,7 Prozent der Heime angeboten wird, macht der Bericht leider nicht. Tatsächlich sind es oft nur kleine Appetithäppchen: hier mal eine Gesprächsgruppe – einmal pro Woche eine Stunde, für fünf oder acht Bewohner; dort zwei Kunsttherapiestunden, einmal pro Woche, für fünf bis zehn Bewohner; einmal im Monat ein Ausflug. Heimleiter sprechen von „winzigen Mosaiksteinchen" und sind froh, wenn sie wenigstens ein, zwei, drei Alibiangebote vorweisen können. Denn die machen sich gut in der Werbebroschüre des Heimes. Doch um mehr Bewohner zu erreichen, um ihnen mehr Abwechslung zu bieten, dafür reicht das Geld nicht. Denn das Angebot muss aus dem Pflegesatz finanziert werden – es geht somit zu Lasten der Pflege.

Offenbar deshalb gibt es bundesweit eine ganze Reihe von Heimen, die sich wenig Mühe machen mit der sozialen Betreuung. Denn der MDS berichtet: „Nur in 67 Prozent der Pflegeeinrichtungen war das Angebot der sozialen Betreuung auf die Bewohnerstruktur ausgerichtet." Die Erkenntnis daraus: „In 33 Prozent der stationären Pflegeeinrichtungen war das Leistungsangebot demzufolge zumindest für einen Teil der Bewohner nicht geeignet." Das bedeute, „dass zum Beispiel immobile Bewohner oder Bewohner mit dementiellen Erkrankungen kein Angebot an Leistung erhielten".

Die Ödnis solcher Heime lässt der Bericht einer Frau über den Besuch bei ihrer Mutter im Pflegeheim erkennen: „Natürlich saß sie wie schon die letzten Tage im Aufenthaltsraum." Die Tochter geht mit ihr zur Tagesbetreuung für Demente: „Dort saßen sechs Personen, einige schälten Kartoffeln. Die Leiterin sagte, dass nicht genug Arbeit für alle da wäre. Ich stellte ihr meine Mutter vor und bat sie, doch zu veranlassen, dass sie jeden Tag für einige Zeit in den Park rausgefahren wird oder in die Gruppe aufgenommen wird." Die Leiterin habe ihr entgegnet, dass sie zu wenig Personal für solche Aktivitäten habe, „zwei Personen für vier Abteilungen, manchmal ist sie allein. Seit kurzem hat sie zwei Zivildienstleistende." Doch das Personal reiche nicht, um die Mutter jeden Tag in den Park zu fahren. Deshalb gebe es ein Auswahlverfahren. Wie das funktioniert, lässt sich aus den Erfahrungen der Tochter erahnen: Wenn die Mutter nicht selbst zu den angebotenen Aktivitäten komme, kümmere sich niemand darum, sie abzuholen. Dass es überhaupt eine Tagesbetreuungsgruppe gibt, bewerte die Leiterin als Luxus, da ihre eigene Mutter in einem Heim lebe, wo es das nicht gäbe.

Die Heimaufsicht der Stadt Bonn hat in ihrem 2004 vorgelegten Tätigkeitsbericht darauf hingewiesen, dass die Gruppenangebote für demente Bewohner Personal binde, das dann Bewohnern fehle, die an den Gruppenangeboten nicht teilnehmen wollten oder könnten. Ihren individuellen Bedürfnissen und ihrem Betreuungsbedarf werde „nicht in dem erforderlichen Umfang Rechnung getragen". Die Bonner Heimaufsicht stellt die Bedeutung dieser Aufgabe heraus: „Zum Älterwerden und dem oftmals damit verbundenen Einzug in ein Heim gehört nicht nur der Verlust von Kontakten, sondern auch von Rollen und Aufgaben, der dazu führen kann, dass das Selbstwertgefühl schwindet und Vereinsamung droht. Umso wichtiger ist es, dass neue Kontakte im Heim geknüpft werden und der ältere Mensch dort auch Zuwendung, Nähe und Geborgenheit erfährt." Im Rahmen der Betreuung im Heim müsse „das Gefühl vermittelt werden, für andere wichtig zu sein und gebraucht zu werden, so dass der

Einsamkeit und der sozialen Isolation entgegengewirkt werden kann". Ebenso bescheinigt die Bonner Heimaufsicht, dass die psychosoziale Betreuung von bettlägerigen Bewohnern „in den meisten Pflegeheimen ausbaufähig" sei. Das ist nichts anderes als eine vornehme Umschreibung dafür, dass die menschliche Betreuung so gut wie nicht vorhanden ist. Unzureichend berücksichtigt werde auch die individuelle Biografie des Bewohners bei der Betreuungsplanung. Mit anderen Worten: Niemand schert sich darum, was für persönliche Vorlieben der Bewohner hat, ob er sich beispielsweise lieber mit Handarbeiten oder mit Küchenarbeiten beschäftigt oder vielleicht gerne singt. Auch neue Ideen können den Heimalltag durchbrechen: So gibt es Initiativen, die mit Tieren, zumeist Hunden, Besuche im Pflegeheim machen. „Gerade alte Menschen können sehr vom Umgang mit Tieren profitieren", erklärt Christine Sowinski, Pflegeexpertin des Kuratoriums Deutsche Altershilfe, „denn sie motivieren zu Aktivität, helfen bei sozialen Kontakten und vermitteln das Gefühl gebraucht zu werden". Für die verwirrten Bewohner hat der Tierbesuch ganz besondere Bedeutung: „Während viele – Familienangehörige wie professionell Pflegende – keinen Zugang mehr zu den Betroffenen finden, die scheinbar versunken in ihrer eigenen Welt leben, sind Tiere oft so etwas wie ‚Türöffner‘ in diese Welt. Die Vierbeiner finden Zugänge, die ‚Zweibeinern‘ verborgen bleiben." Allerdings, so betont das KDA, bedürfen solche Besuche einiger Vorbereitung durch Weiterbildungsprogramme.

Glück haben jene Bewohner, zu denen ein ehrenamtlicher Besuchsdienst kommt. Eine Frau, die seit drei Jahren fast jeden Wochentag von 14 bis 19 Uhr in einer Pflegestation mit 17 Bewohnern verbringt, schreibt: „Dort bin ich für die älteren Menschen einfach da, für jeden, der sich mal unterhalten möchte oder gerne etwas spielt, einkaufen möchte oder spazieren gehen mag, zum Arzt gehen muss und nicht alleine gehen kann oder darf, weil er vielleicht zu schwach oder ohne gute Orientierung ist. So bin ich einfach da, um ihnen einen schönen Nachmittag zu machen und ein Stück Freundschaft zu schenken." Der Unterschied ist augenfällig: „Bevor ich kam, saßen die Leute meist rum auf ihren festen Plätzen und haben sich entweder angeschwiegen oder angegiftet. Heute reden die alten Leute viel mehr miteinander, spielen, auch wenn ich nicht da bin, miteinander, sind freundlicher, höflicher untereinander. Sie sind eine Gruppe, eine Wohngemeinschaft geworden. Das braucht aber tägliche Zuwendung, Ansprache, Motivierung."

Einzelne Städte versuchen, wenigstens für einen Teil der Heimbewohner Betreuungsangebote aufzubauen. Frankfurt hat – wie auch München – die Notwendigkeit erkannt, sich um die psychosoziale Betreuung verwirrter Heimbewohner zu kümmern. Beide Städte haben dazu Soforthilfeprogramme aufgelegt. So gibt Frankfurt zum Beispiel 1,7 Millionen Euro jährlich dafür aus. Das Frankfurter Forum für Altenpflege, das Netzwerk der Leiter der Frankfurter Altenpflegeheime, hat diese Investition begrüßt, auch wenn es erst ein „Tropfen auf den heißen Stein" sei: „Denn nur elf Prozent der Heimbewohnerschaft Frankfurts werden direkt vom Programm erreicht." Der Einsatz von zusätzlichem Personal ermöglicht, mit den Bewohnern gemeinsam zu kochen, ihnen aus der Zeitung vorzulesen oder miteinander zu singen. Die Erfahrungen sind positiv: Einige Bewohner hätten wieder gelernt, sich in die Gemeinschaft einzufinden und sich sprachlich zu äußern. Die Atmosphäre in den Wohnbereichen habe sich entspannt, was sich auch auf die Arbeitsbedingungen ausgewirkt habe. So seien in einigen Häusern die krankheitsbedingten Ausfallzeiten des Personals zurückgegangen.

Aus unzähligen Briefen von verzweifelten Pflegekräften wird deutlich, wie sehr auch die Mitarbeiter von Heimen überall in Deutschland darunter leiden, dass sie eine psychosoziale Betreuung, wie sie es sich wünschen, nicht bieten können. Eine Altenpflegerin hat eine lange Liste verfasst, über das, was alles in dem Heim nicht möglich ist, in dem sie arbeitet: „Es ist nicht möglich, dass sich jemand einmal zehn Minuten ans Bett setzt, und mit den oft verzweifelten Bewohnern spricht. Es ist nicht möglich, dass die Bewohner ein Mal die Woche an die frische Luft kommen, um die Sonne zu sehen. Es ist nicht möglich, dass jemandem mal einfach zehn Minuten was vorgelesen wird, zugehört wird, oder einfach jemand da ist. Es ist nicht möglich, dass auch nur ein Mindestmaß an sozialer Zuwendung stattfindet." Die Altenpflegerin fragt: „Wie soll dies auch gehen, wenn für 35 Pflegefälle nur drei Kräfte pro Schicht da sind? Das heißt für jeden: Zwölf Pflegefälle versorgen." Wie es stattdessen gehen könnte, habe sie in der Ausbildung gelernt: „Ich habe während meiner Ausbildung viele wertvolle Anregungen bekommen, wie man für die Betroffenen den Heimaufenthalt, der die letzte Stufe des Lebens darstellt, angenehm gestalten kann. Es wurde von Duftölen, Entspannungsübungen, von bewohnerorientierter Pflege, den Bewohnerbedürfnissen, von gymnastischen Übungen, von psychologischer Betreuung gesprochen." Die Altenpflegerin zieht ein bitteres Resümee: „Leider ist nichts von alledem auch nur im Ansatz anwendbar. Nichts. Warum haben wir es gelernt? Wie man Windeln wechselt und jemandem den Löffel in den Mund schiebt, dazu genügt ein Wochenendkurs."

Eine andere Pflegekraft schildert, wie in dem Heim eines kirchlichen Trägers die neue Pflegedienstleitung auf Effizienz achtet. Wer einem Bewohner gegenüber Zuneigung ausdrücken will, solle das am besten während der Grundpflege tun: „Es reicht, wenn man den Bewohnern mal kurz über das Gesicht streichelt, oder beim Vorbeigehen mal die Hand drückt." Die Zustände seien sowohl für die Bewohner als auch für das Personal katastrophal: „Man hat keinerlei Zeit mehr, auf die Bewohnerwünsche einzugehen oder sich mal hinzusetzen und ein Gespräch mit den Heimbewohnern zu führen." Wenn man dabei erwischt werde, wie man sich „intensiver um Bewohner kümmert, bekommt man gleich unterstellt, dass man faul sei und dass man bei so einer Arbeitsauffassung in diesem Heim an der falschen Adresse sei".

Oft fühlt man sich bei Situationsbeschreibungen aus Pflegeheimen in das Zeitalter der Verwahranstalten zurückversetzt.

„Fast alle Pflegeheimbewohner, soweit sie nicht im Bett liegen, sitzen stumpfsinnig den ganzen Tag in ihren Zimmern. Die einzige Ablenkung ist der eingeschaltete Fernseher, der vielfach unbeobachtet und nicht verstanden stundenlang läuft. Es gibt keine lauschige Ecke, in der man die Leute zusammensetzt, zwischendurch anregt – erst recht keine Tätigkeit." Dieser deprimierende Bericht aus einem Besuchsdienst stammt nicht – wie an dem Fernseher unschwer zu erkennen – aus dem vorvorigen Jahrhundert, sondern aus dem Jahr 2004. Ein nicht minder erschütterndes Bild von der Qualität heutiger Einrichtungen zeichnet eine 77-jährige Frau, die sich im Rahmen eines Besuchsdienstes ehrenamtlich um Heimbewohner kümmert: „Wenn ich Frau K. in meine Sing- oder Spielgruppe hole, fragt sie mich jedes Mal: ‚Darf ich bitte aufs Klo gehen?' Frau K. hat eine Windelhose an. Wenn sie auf der Toilette sitzt, sagt sie: ‚Ich mach ganz schnell, ich bin gleich fertig.' Dass wir keine Eile haben, muss ich jedes Mal sagen. Ich helfe beim Anziehen. Sie strahlt mich an, dann kommt der Satz: ‚Danke, dass ich bei Ihnen immer aufs Klo gehen darf, Sie sind eine gute Frau.' Ein Handtuch gibt es nicht im Bad, denn wo man nicht aufs Klo gehen darf, braucht man sich auch keine Hände zu waschen." Es zeigt, welche Einstellung in diesem Heim herrscht. „Dafür schäme ich mich", schreibt die 77-Jährige.

Verhungern und Verdursten im Heim? Kann das wirklich wahr sein? Klingt einfach unglaublich – vielleicht wieder nur Skandalisierung durch Pflegekritiker? Von Verhungern und Verdursten würde der Medizinische Dienst der Krankenversicherung (MDK) natürlich niemals sprechen. In der Fachsprache des Medizinischen Dienstes der Spitzenverbände der Krankenkassen (MDS) liest sich das dann so: „Der Medizinische Dienst hat bei Qualitätsprüfungen in der ambulanten und stationären Pflege zum Teil gravierende Qualitätsdefizite vor allem bei der Ernährung und Flüssigkeitsversorgung festgestellt." Wie dramatisch der MDS diese Erkenntnis tatsächlich bewertet, ist daran zu erkennen, dass MDS-Geschäftsführer Dr. Peter Pick selbst von einem „Missstand" und einem „erheblichen Optimierungsbedarf" sprach. „Die Qualitätsdefizite reichen von der reinen Unterversorgung an Energie und Flüssigkeit über die Unterversorgung trotz liegender Ernährungssonde bis hin zur nicht indizierten Sondenanlage und Sondenkostversorgung." Pick betonte: „Somit ist festzustellen, dass selbst die ‚trocken, satt und sauber-Pflege' nicht immer gewährleistet ist." Selbst nach Einschätzung des MDS ist also nicht einmal garantiert, dass die allergeringsten Anforderungen an die Pflege von Menschen tatsächlich eingehalten werden.

Um dem abzuhelfen, hat der MDS 2003 eine „Handlungshilfe" zur „Ernährung und Flüssigkeitsversorgung älterer Menschen" vorgelegt. Jürgen Brüggemann, Leiter der für die Broschüre zuständigen Projektgruppe beim MDS, wurde noch deutlicher: „Die Ernährung von pflegebedürftigen Menschen erfordert mehr Aufmerksamkeit von Pflegenden und muss deutlich besser werden." Die festgestellten Mängel führten zu einer drastischen Steigerung der Sterblichkeit, zu einem erhöhten Risiko für Stürze und Knochenbrüche sowie zu einer Verschlechterung des Denkvermögens. Der MDS wies ausdrücklich auf die besonders verheerenden Folgen für die Betroffenen hin: Es könne vorkommen, dass ein Pflegebedürftiger allein aufgrund der unzureichenden Flüssigkeitsversorgung verwirrt sei und diese Verwirrtheit mit Psychopharmaka behandelt werde. Daraus drohe ein „Teufelskreis" zu entstehen, meint auch der MDS zu dieser Art von Therapie, die mit Heilkunst nichts mehr zu tun habe.

Beispiele für die Missstände hat der Medizinische Dienst der Krankenversicherung selbst genannt. Er dürfte unverdächtig sein, die Situation schlimmer darzustellen, als sie ist, denn Auftraggeber für die Qualitätsprüfungen in den Pflegeheimen sind die Pflegeversicherungen.

So wie Brüggemann den ersten Fall geschildert hat, handelte es sich nicht einmal um ein offensichtlich schlecht geführtes Heim. Es sei mit 120 Plätzen erst Ende der 90er Jahre erbaut und sehr ansprechend gestaltet worden, so Brüggemann. Theoretisch müsste eigentlich alles in Ordnung sein: „Die Pflegeeinrichtung verfügt über ein Leitbild und ein Pflegekonzept. Die Einrichtung ist auf Trägerebene in Qualitätsmanagementaktivitäten eingebunden. Im Pflegemanagement dieser Einrichtung sind formal sehr gut qualifizierte Mitarbeiter vorhanden. Die personelle sowie die Hilfsmittelausstattung ist gut." Die Fachkräfte kennen ihre Bewohner, die Atmosphäre im Heim ist freundlich. Bei der Überprüfung durch den MDK zeigten sich die Bewohner, die sich noch äußern können, zufrieden mit der Einrichtung. Allem Anschein nach dürften in einem solchen Haus „keine nennenswerten Qualitätsdefizite zu erwarten" sein, meint Brüggemann.

Unter den Bewohnerinnen war auch eine Frau, die mit Hilfe einer Sonde ernährt wurde. Frau Weber, wie sie der MDK aus Datenschutzgründen nennt, wog 55 Kilogramm. Die 82-Jährige erhielt täglich 1000 Kilokalorien Sondenkost. Das ist deutlich weniger, als die Frau benötigte, um nicht abzumagern: Ihr Mindestbedarf liegt etwa bei 1400 Kilokalorien. „Frau Weber erhielt somit täglich mindestens 400 Kilokalorien weniger, als zur

Erhaltung des Körpergewichts zwingend erforderlich gewesen wäre", betont Brüggemann. Mit anderen Worten: Die Frau wäre allmählich verhungert.

Die Pflegedokumentation enthielt keinerlei Angaben zum Ernährungszustand der Frau. Die Entwicklung des Körpergewichts blieb undokumentiert. Wie viel Sondenkost der Arzt verordnet hatte, war nicht bekannt, ebenso wenig ließ sich der Dokumentation entnehmen, dass das Heim den Arzt jemals auf die sich abzeichnende Unterernährung hingewiesen hätte.

Doch Pflegeheimbewohnern droht nicht nur der Tod durch Verhungern, sondern auch durch Verdursten. Der MDS spricht zwar etwas zurückhaltender von „Qualitätsdefiziten bei der Flüssigkeitsversorgung", aber das Beispiel, das der MDS dafür anführt, lässt eher an Folter denken, zumal sich das Personal sehr wohl der Gefahr der Austrocknung bewusst war. Denn für die 79-jährige, bewegungsunfähige Frau hatte das Personal zwar ein so genanntes Einfuhr-Protokoll geführt, in dem die angebotenen Getränke mengenmäßig dokumentiert waren. Frau Schlüter, wie sie der MDS nennt, hatte demnach aber jeweils für eine längere Zeit täglich kaum mehr als 700 Milliliter Flüssigkeit erhalten. Darauf wies auch die dunkle Färbung des Urins im Katheterbeutel deutlich hin – ein Zeichen hoher Konzentration, das aber offenkundig ignoriert wurde. Und es gab noch ein weiteres, schlimmes Alarmzeichen: Frau Schlüter hatte sich bereits wund gelegen. Im Kreuzbeinbereich stellten die MDK-Gutachter einen „ausgeprägten Dekubitus 3. bis 4. Grades" fest – das bedeutet bereits furchtbare Schmerzen durch das Wundliegen sowie absterbendes Gewebe. Das Entstehen von Druckgeschwüren wird durch unzureichende Flüssigkeitsversorgung begünstigt. Über eine Mindesttrinkmenge hatte sich niemand Gedanken gemacht, geschweige denn sie dokumentiert. Auch eine Auswertung des Einfuhr-Protokolls unterblieb. Der Hausarzt wurde nicht informiert. Niemand verschwendete nur einen einzigen Gedanken darauf, was die Frau gerne trinkt oder ob es bevorzugte Trinkgefäße gibt. Ihr von den MDK-Ärzten errechnete Flüssigkeits-Mindestbedarf hätte 1450 Milliliter betragen – das Doppelte dessen, was ihr tatsächlich angeboten wurde. Angesichts dieser Umstände nur von „Qualitätsdefiziten" zu sprechen, wirkt sehr verharmlosend. Wenn solche Defizite schon in einem sonst offenbar gut geführten Haus vorkommen, wie muss es dann erst um die Ernährungssituation der Bewohner in den schlechter geführten Häusern bestellt sein?!

Der MDS beschreibt die verheerenden Folgen für die Betroffenen. So steige die Sterblichkeit unterernährter alter Menschen drastisch an. Fehlernährung erhöhe das Risiko für Stürze und damit auch für Knochenbrüche. Bei akuten Krankheiten verzögere sich die Genesung. Außerdem führe eine lang andauernde Unterversorgung mit Mikronährstoffen zu einer Verschlechterung des geistigen Leistungsvermögens.

Obwohl dies alles seit langem klar ist und zum Wissen einer Pflegefachkraft gehören sollte, unterbleiben in vielen Heimen selbst die einfachsten Vorsichtsmaßnahmen, um Unterernährung zu verhindern. Darauf angesprochene Pflegekräfte verteidigen sich gern, indem sie ins andere Extrem verfallen: „Ich kann doch eine alte Frau, die zuvor schon zu Hause wenig gegessen hat, nicht mästen wie eine Weihnachtsgans." Doch in vielen Einrichtungen ist bisher noch nicht einmal das Gewicht der Bewohner beim Einzug festgestellt worden. „Bereits die Dokumentation des Gewichts und des Gewichtsverlaufs zeigte erhebliche Mängel", berichtete Dr. Christoph Kreck vom MDK in Hessen 2003. Die Qualitätsprüfungen der stationären Pflegeeinrichtungen hätten sogar ergeben, dass nur bei 60 Prozent der mit einer Ernährungssonde Versorgten das Gewicht bekannt war. Bei so viel Schludrigkeit verwundert es nicht, wenn die Bewohner trotz Sondenernährung nicht ausreichend versorgt werden: „Zwei Drittel der älteren Menschen, die über eine PEG-Sonde ernährt werden, erhalten zu wenig Kalorien. Im Mittel lag die Kalorienzufuhr 171 Kalorien unter dem Ruheumsatz", erklärte Kreck. „Die Versorgung mit Kalorien ist in Pflegeheimen schlechter als in häuslicher Pflege. Fast 40 Prozent der älteren Menschen in Pflegeheimen mit liegender PEG-Sonde sind untergewichtig."

Ein erschütterndes Beispiel aus einem Pflegeheim hat die Münchner Beschwerdestelle für den Altenpflegebereich, die unmittelbar dem Oberbürgermeister unterstellt ist, auf Grund einer Beschwerde recherchiert. Ein gelähmter, bettlägeriger Mann, der weder sprechen noch schlucken konnte, war jahrelang von seiner Ehefrau zu Hause versorgt worden. Das letzte halbe Jahr vor seinem Tod lebte er in einem Pflegeheim. Seine Ehefrau monierte, dass er Sondennahrung ohne schriftliche ärztliche Anordnung zur Menge von Flüssigkeit und Nahrung sowie zur Fließgeschwindigkeit bekam, wobei er immer wieder erbrechen musste. Die Recherche der Beschwerdestelle ergab nach Angaben ihrer Leiterin, Kornelie Rahnema: „Es bestätigte sich ein nicht fachgerechter Umgang mit Ernährungssonden sowohl rückwirkend beim Betroffenen wie auch aktuell bei weiteren Heimbewohnern." Als Ursache dafür nennt sie, dass die Pflegekräfte über den Umgang mit Ernährungssonden nicht ausreichend informiert seien und die Krankenbeobachtung fachlich unzureichend bleibe.

Doch nicht nur das Pflegepersonal steht in der Verantwortung, auch die Ärzte sind nach Auffassung des MDK gefragt. „Aus ärztlicher Sicht sollte bei absehbarem oder beginnendem Gewichtsverlust frühzeitig interveniert werden", forderte Kreck vom MDK in Hessen. Dazu müsse zunächst die Ursache einer Schluckstörung oder einer Nahrungsverweigerung geklärt werden. So kann ein schlecht sitzendes Gebiss dem Bewohner das Essen verleiden oder aber eine Depression den Appetit nehmen. Überlegt werden kann auch, ob bestimmte Einschränkungen, die im Rahmen einer Diät wegen einer speziellen Erkrankung einzuhalten sind, nicht gelockert werden sollten, um den Vorlieben des alten Menschen besser gerecht zu werden. Auf jeden Fall aber müssten die eingesetzten Medikamente überprüft werden, verlangte Kreck: „Beruhigungs- und Schlafmittel können die Nahrungsaufnahme beeinträchtigen, eine Reihe von Medikamenten wie zum Beispiel Antirheumatika oder ASS können den Appetit reduzieren oder zu Magen-Darm-Beschwerden führen, Neuroleptika oder Anticholinergika können die Motorik beeinträchtigen und damit das eigenständige Essen und Trinken und auch den Schluckvorgang." Kreck appellierte aber auch an seine Berufskollegen: „Stets gehört es auch zur ärztlichen Verantwortung, die pflegerische und diätetische Versorgung zu überprüfen." Dazu zähle die geeignete Lagerung bei der Nahrungsaufnahme, aber auch der gezielte Einsatz von Esstraining durch Ergotherapeuten. Bei Schluckstörungen, etwa nach einem Schlaganfall, kann ein Schlucktraining helfen. Bei Behinderungen kann aber auch ein besonders geformtes Besteck die Nahrungsaufnahme erleichtern.

MDS-Geschäftsführer Pick riet den Pflegeeinrichtungen, einer guten und ausreichenden Ernährung und Flüssigkeitsversorgung „größere Aufmerksamkeit" zuteil werden zu lassen. „Dabei darf die soziale und kulturelle Bedeutung für die älteren Menschen nicht unterschätzt werden. Essen und Trinken ist auch für ältere Menschen eine wichtige soziale Aktivität, die erhebliche Ausstrahlungen auf das gesamte Wohlbefinden hat. Ein verstärktes Engagement der Pflegeeinrichtungen auf diesem Gebiet ist zu empfehlen." Bei Eltern, die ihre Kinder in diesem existentiellen Bereich vernachlässigen, bliebe es nicht bei solchen freundlich formulierten Belehrungen: Da würden die Behörden einschreiten und die Kinder aus dieser Familie herausholen, damit das Kindeswohl nicht länger aufs Spiel gesetzt wird.

Doch die alten Menschen bleiben in den Heimen und ihren Wohnungen, obwohl sie unzureichend versorgt werden: In seinem ersten Bericht zum Stand und zur Entwicklung der Pflegequalität, vorgelegt Ende 2004, stellte der MDS Mängel in Ernährung und Flüssigkeitsversorgung bei 37 Prozent der von ihm untersuchten, ambulant versorgten alten Menschen und bei 41 Prozent der Heimbewohner fest. „Die festgestellten Mängel beziehen sich weit überwiegend auf eine drohende Unterversorgung", erklärte Jürgen Brüggemann vom Fachgebiet Pflege beim MDS. „Wichtige Anforderungen, wie zum Beispiel Kontrolle des Gewichtsverlaufs, die Risikoerkennung oder die Planung sachgerechter Maßnahmen, waren nicht erfüllt."

Auch die Münchner Beauftragte für den Altenpflegebereich, Kornelie Rahnema, stieß immer wieder auf erschütternde Fälle. Nach Recherchen der Beschwerdestellen-Mitarbeiter habe eine alte Frau innerhalb von elf Monaten mehr als acht Kilogramm an Gewicht verloren. „Das Problem wird nicht fachgerecht pflegerisch bearbeitet", bewertete Rahnema in einem Bericht für den Stadtrat die Reaktion der Pflegekräfte: Statt zum Beispiel hochkalorische Kost zu geben, erhält die alte Frau nur täglich einen „Extrajoghurt". Sonst wird nichts unternommen. Rahnemas Fazit: „Dies ist ein unprofessioneller Umgang mit Ernährung bei gravierender Gewichtsabnahme." Als Ursache stellt sich heraus: „Die Notwendigkeit pflegefachlicher Maßnahmen wurde nur von einem Teil der Pflegekräfte erkannt. Die angewandten Maßnahmen der anderen Pflegekräfte waren fachlich nicht reflektiert und nicht ausreichend." Fachlich korrekt wäre der Umgang gewesen, wenn ein Arzt eingeschaltet worden wäre, um die Ursache der Abnahme zu klären. Zudem hätte ein Konzept für die bedarfsgerechte Ernährung entwickelt und umgesetzt werden müssen.

Dass es sich bei solch eklatantem Versagen bei der Erfüllung von Grundbedürfnissen eines Menschen um keinen Einzelfall handelt, ergibt sich auch aus dem Bericht der Münchner Heimaufsicht, die in den Jahren 2003 und 2004 insgesamt 298 Mal „Nachschau" in den rund 70 Münchner Heimen hielt. Bei 136 Kontrollen, also annähernd der Hälfte der Überprüfungen, stieß die Heimaufsicht auf „Verbesserungspotenziale" bei der Ernährung und Flüssigkeitsversorgung. Verbesserungspotenzial ist eine sehr freundliche Umschreibung dafür, dass das, was dort geschieht, keineswegs in Ordnung ist. Bei immerhin weiteren 28 Heimbegehungen stellte die Heimaufsicht Mängel fest – dabei handelte es sich um solch schwerwiegende Missstände, dass es die Heimaufsicht nicht mehr bei einer intensiven Beratung beließ, sondern rechtliche Konsequenzen zog und zum Beispiel einen Aufnahmestopp für neue Bewohner anordnete. In vielen Heimen wird noch nicht einmal regelmäßig das Gewicht der Bewohner bestimmt. „Erst- und Verlaufsmessungen fehlen in 80 Prozent der Heime", stellte die Münchner Heimaufsicht 2003 fest. In der Hälfte der Heime können Bewohner, die nicht mehr in der Lage sind zu sitzen, gar nicht gewogen werden, da „Lifterwagen" fehlen. Ein Jahr später hat sich die Situation nach der Intervention der Heimaufsicht gebessert – aber in 20 Prozent der Heime fehlen noch immer Erst- und Verlaufsmessungen.

„Massive Mängel" hat die Münchner Heimaufsicht auch bei der Ernährung mit der Magensonde festgestellt. So erhalten die alten, schwer kranken Menschen oft nicht genügend Kalorien, um den Tagesbedarf zu sichern. „Unterernährung ist aber nicht nur bei Bewohnern, die über Magensonde ernährt werden, festzustellen, sondern trifft auch Bewohner, die eine teilweise oder vollständige Hilfestellung bei der Nahrungsaufnahme benötigen", berichtete die Heimaufsicht Ende 2004. Damit bestätigte die Behörde die Erkenntnisse des MDS ebenso wie die des MDK in Bayern. Der MDK registrierte im Umgang mit jedem dritten untersuchten Bewohner, der nicht mehr selbständig isst und trinkt, eine Reihe von Mängeln. Auch die Münchner Beschwerdestelle für den Altenpflegebereich beklagte, dass es den Pflegekräften zum Teil an Grundwissen zum Thema Ernährung fehle. „Beobachtungen, die mit der Ernährung durch eine Magensonde einhergehen müssen, wie etwa Gewichtskontrolle, wurden vergessen und waren teilweise nicht geschult." In manchen Fällen sei vorgeschlagen worden, bei einem Bewohner eine Magensonde zu legen, ohne Alternativen zu diskutieren.

Eine vom Bremer Gesundheitsamt im Jahr 2004 herausgegebene Studie zum Einsatz von Sondenernährung in Pflegeheimen kritisiert die Ernährungssituation in den Einrichtungen: „Die

Bedeutung von Essen und Trinken wird oftmals vernachlässigt. So kann die Ernährung den individuellen Bedürfnissen der Bewohner nicht gerecht werden, ihre Lebensqualität wird verringert und das Risiko von Unter- und Fehlernährung und damit die Krankheitsanfälligkeit erhöht." Die Autoren Winfried Becker und Thomas Hilbert betonen: „Internationale Studien haben seit längerem den Zusammenhang zwischen Personalmangel in der Pflege sowie Wissensdefiziten bei der Nahrungsversorgung alter Menschen und dem Entstehen von Mangelernährung nachgewiesen." Hauptursache für die zu geringe Nahrungsaufnahme sei der mangelnde Appetit: „Einer Studie zufolge wird mangelnder Appetit mit 43 Prozent fast drei Mal so häufig in Pflegeheimen geäußert wie von den zu Hause lebenden Senioren." Dabei bietet die vom MDS erstellte Broschüre schon seit einem Jahr Nachhilfe im Grundwissen: „Regelmäßige Gewichtsbestimmungen und eine genaue Dokumentation sind im Hinblick auf das rechtzeitige Erkennen einer sich entwickelnden Mangelernährung erforderlich. Im Krankenhaus sollte das Gewicht mindestens einmal wöchentlich, im Pflegeheim mindestens einmal monatlich erhoben werden, im Akutfall häufiger. Bei auffälligen Veränderungen des Gewichts muss umgehend nach den Ursachen gesucht werden. Entsprechende Interventionsmaßnahmen müssen eingeleitet werden."

All das sollte doch eigentlich selbstverständlich sein, wenigstens für eine Fachkraft. Man wagt sich kaum vorzustellen, welch erschütternde Beispiele des Versagens die MDS-Experten wohl vor Augen hatten, als sie ihre weiteren Forderungen formulierten: „Jeder Bewohner sollte seinen Bedürfnissen entsprechend beim Essen versorgt werden. Eine solche individuelle Ernährungsbetreuung bedeutet je nach Bedarf das Einsetzen der Zahnprothese zum Essen, Hilfe beim Kleinschneiden oder beim Öffnen der Portionspackungen, Besteck und Geschirr reichen, Aufmuntern und Auffordern zum Essen oder jeden Bissen zum Mund führen." Der MDS betont außerdem: „Verschiedene Untersuchungen beziehungsweise Beobachtungen geben Anlass zu der Vermutung, dass intensive Aufmerksamkeit und Unterstützung beziehungsweise Zuwendung beim Essen zur Verbesserung von Nahrungsaufnahme und Ernährungszustand führt." Nicht nur die räumliche Gestaltung spielt eine Rolle, sondern auch das Verhalten der Pflegekraft: „Die Pflegeperson, die bei der Nahrungsaufnahme Hilfestellung gibt, sollte sich hinsetzen, um dem Bewohner das Gefühl zu vermitteln, dass ausreichend Zeit für die Hilfestellung besteht."

Doch diese Zeit haben die Pflegekräfte nicht. Eine verzweifelte Altenpflegerin schildert in einem vertraulichen Schreiben ihre Situation: „Ich wünsche mir mehr Zeit zu haben, einem Menschen in Ruhe und vor allem im Sitzen das Essen eingeben zu können. Nicht ständig auf die Uhr zu blicken und ihm das Essen hineinzustopfen." Das Schlimmste sei, den Menschen dabei in die Augen zu schauen. Eine Frau, die regelmäßig ehrenamtlich in einem Heim tätig ist, beschreibt ihren Eindruck: „Mittagessen ist für die Patienten kein Genuss, sondern die reinste Vergewaltigung. Es wird möglichst ein großer Löffel benutzt und viel drauf. Die Patienten können gar nicht richtig schlucken, dann wird schon der zweite Löffel nachgeschoben", was dazu führe, dass sich die Bewohner verschlucken.

Oft werden die Wünsche der Bewohner zum Speisenangebot nicht berücksichtigt. „Abends gibt es fast immer Wurst und höchstens ein oder zwei Mal pro Woche Käse", berichtet eine ehrenamtliche Helferin aus einem großen Haus. „Die Bewohner wollen lieber öfter Käse. Sie haben schon öfter reklamiert, aber die Küche stellt sich nicht um." Die Aufschnittwurst habe fast immer einen leicht säuerlichen Beigeschmack, „es geht nach billig, nicht nach gut". Als passierte Kost gibt es meistens Vanillepudding mit Klumpen, Grießbrei oder Milchreis, kaum gesüßt, „da draufgeklatscht ist passierter Pfirsich aus der Dose. Es duftet nicht und sieht nicht besonders aus. Ich würde es nicht essen, sondern lieber hungern." Dürftig fällt auch das Obstangebot aus – in der Regel gebe es einen Apfel, im Ganzen. Wer diesen nicht selbst schälen und schneiden könne, esse kein Obst. Der

Kaffee, der am Nachmittag serviert werde, sei „zwar braun, aber immer bitter". Er werde in großen Kannen lange warm gehalten und sei im Geschmack nicht als Kaffee zu erkennen. Wie jemand seinen Kaffee gerne trinke, spiele keine Rolle, er werde immer mit viel Milch serviert.

Viele Angehörige berichten davon, dass den Bewohnern das Essen nur ans Bett gestellt und später dann wieder abgeräumt werde, ohne dass sich jemand auch nur im geringsten darum kümmere, warum die Bewohner nichts gegessen haben. Das Personal reagiert oft mit dem lapidaren Hinweis, der Bewohner habe keinen Appetit gehabt.

Doch auch die Ernährung über die Sonde, die im Vergleich zum Essen-Eingeben viel Zeitersparnis bringt, sichert keine ausreichende Nahrungszufuhr. So stellte der MDK Rheinland-Pfalz 2003 bei 40 Prozent der Sonden-Patienten unzureichende Nahrungszufuhr fest. Der MDK Hessen kam im selben Jahr zu dem Ergebnis, dass 26 Prozent der Sondenträger untergewichtig waren. 70 Prozent dieser Patienten erhielten weniger Kalorien, als der Körper im Ruheumsatz verbraucht, also magern sie ab.

Um solchen Mängeln entgegenzuwirken, haben sich in München die AOK Bayern, die städtischen Kliniken und das Grünwalder Sanitätshaus „Caresan" zusammengetan zur integrierten Versorgung von Magensonden-Patienten. Diese soll verhindern, dass die Betroffenen unter- oder mangelernährt werden. Flankierend dazu hat die bayerische Sozialministerin Christa Stewens die Heimaufsichtsbehörden angewiesen, Schwerpunktprüfungen zur Ernährung und Flüssigkeitsversorgung vorzunehmen. Gleichzeitig hat sie die Landesärztekammer aufgefordert, Fortbildungen für Hausärzte anzubieten. Die Stadt hat außerdem ein Fortbildungsprogramm für Pflegekräfte gestartet.

Das Legen einer Nahrungssonde, eines Schlauches durch die Bauchdecke in den Magen, gilt als Routineeingriff im Krankenhaus. „Die Probleme beginnen meist erst nach der Entlassung, zu Hause oder auch im Pflegeheim", sagt Caresan-Geschäftsführer Markus Oelsner: „Oft werden Pflegekräfte nicht den hohen Anforderungen bei der Betreuung der betroffenen Patienten gerecht, weil die Ausbildung mangelhaft ist oder einfach die Zeit fehlt." Hausärzte hätten meist nur wenig Erfahrung mit Magensonden-Patienten. Oft existiere die Vorstellung, bettlägerige Menschen kämen mit 800 oder 1000 Kilokalorien pro Tag aus. Eine Studie des Medizinischen Dienstes der Krankenversicherung in Sachsen-Anhalt belege die großen Probleme, so Oelsner. Demnach hätten nur acht Prozent von 1026 Patienten mit Ernährungssonde in Pflegeheimen genau die erforderliche Ernährung erhalten. Etwa 70 Prozent seien unterversorgt. Häufig werde in den Heimen nicht einmal das Gewicht dokumentiert, was eine rechtzeitige Reaktion auf das Abmagern erschwere. Die integrierte Versorgung, ermöglicht durch die Gesundheitsreform, beginnt deshalb schon in der Klinik mit dem „Vivacur"-Programm. AOK-Patienten, die in den städtischen Krankenhäusern eine Magensonde erhalten, können sich kostenlos zum Vivacur-Programm anmelden. Sie bekommen dann bereits in der Klinik Besuch von einer Pflegekraft des Caresan-„Ernährungsteams": „Sie erfasst alle nötigen Informationen für die weitere Versorgung und erarbeitet gemeinsam mit den Ärzten und Pflegekräften des Krankenhauses einen individuellen Ernährungsplan", erklärt Oelsner. Auf dessen Grundlage unterbreitet das Caresan-Team dem Hausarzt einen Rezeptvorschlag für Art und Menge der Sondennahrung und kümmert sich um die Lieferung. Außerdem übernimmt das Team die Schulung von Angehörigen und Pflegepersonal im Umgang mit der Magensonde, zu Hause genauso wie im Pflegeheim, damit es nicht zu Problemen wie Verstopfung der Sonde oder Erbrechen kommt.

Ein übersichtlicher Leitfaden hilft bei später auftretenden Fragen und Problemen ebenso weiter wie eine rund um die Uhr besetzte Hotline. Alle sechs bis acht Wochen besucht das Team den Patienten, um sein Gewicht zu erfassen und die Haut auf Austrocknungsmerkmale zu untersuchen. Das Ergebnis wird dann im Ernährungspass des Patienten dokumentiert, der auch den Ernährungs- und Medikamentenplan umfasst. Veränderungen werden so schnell sicht- und überprüfbar. Die integrierte Versorgung biete sich aber nicht nur für den Bereich Magensonde an, meint Oelsner. Er glaubt, dass dieses Konzept auch die oft mangelhafte Wundversorgung entscheidend verbessern könnte. Das setzt allerdings voraus, dass die Heime das Angebot auch annehmen, was bisher nur zögerlich geschieht. Ein Jahr nach dem Start des Programms waren erst 80 Patienten eingeschrieben, dabei dürfte sich deren Zahl zwischen 800 und 1000 bewegen.

Schlecht ist es in Heimen auch um die Flüssigkeitsversorgung bestellt. Ganz besonders prekär wird die Situation bei sommerlicher Hitze. Trotz bestehender Austrocknungsrisiken werden nur vereinzelt Trinkprotokolle geführt, stellte die Münchner Heimaufsicht im Jahr 2003 fest. Oft sind die Protokolle lückenhaft oder die Trinkmengen werden nicht aufsummiert. Und häufig werden trotz Protokoll keine Konsequenzen gezogen.

„Die ausreichende Versorgung mit Getränken war sehr unbefriedigend, eigentlich zu allen Zeiten. Die vollen Becher wurden hingestellt, ein, zwei Schluck verabreicht und das war's dann", berichtet die Tochter einer alten Frau über ihre Erfahrungen. Denn für das Trinken eines Bechers benötige die Mutter wegen ihrer Schluckstörungen etwa eine halbe Stunde. Schließlich seien ihr Infusionen gegeben worden, „um wenigstens eine gewisse Flüssigkeitszufuhr sicherzustellen. Was ein Chefarzt „nur im Vertrauen" erzählt, dürfte für viele Kliniken gelten: „Da werden bei uns ständig alte Menschen vollkommen ausgetrocknet aus Pflegeheimen eingeliefert. Nach einer Infusion blühen die Menschen richtig wieder auf. Und das ist kein Einzelfall." Oft wird zwar ein Getränk dem Bewohner hingestellt, niemand aber kümmert sich darum, dass er auch tatsächlich Flüssigkeit zu sich nimmt. „Der Kaffee zum Frühstück wurde zwar bereitgestellt und in die Pflegedokumentation eingetragen, aber er stand am Nachmittag noch da. Höchstens einen Schluck hat mein Vater davon bekommen", berichtet der Sohn.

Auch im ambulanten Bereich kommt es zur Austrocknung – vor allem dann, wenn keine Angehörigen da sind oder sie berufstätig sind. Beschwerdestellen-Leiterin Kornelie Rahnema hat einen solchen Fall dokumentiert. Eine alte, bettlägerige Frau wird drei Mal täglich vom Pflegedienst versorgt. Die berufstätige Tochter hat den Dienst darauf hingewiesen, dass ihre Mutter alkoholabhängig ist und außer Bier keine andere Flüssigkeit zu sich nimmt. Hausarzt und Tochter sind übereingekommen, der Mutter zur ausreichenden Flüssigkeitszufuhr den Bierkonsum auch weiter zu ermöglichen. Doch dann ordnet die Einsatzleitung des Pflegedienstes – ohne die alte Frau persönlich zu kennen – an, dass die Pflegekräfte der Frau kein Bier mehr geben dürfen. Die Einsatzleitung trifft diese Entscheidung, ohne zuvor Rücksprache mit dem Hausarzt oder der Tochter zu halten. „Als Folge kommt es zu Entzugs- und Austrocknungserscheinungen, die einen Krankenhausaufenthalt erfordern", berichtet Kornelie Rahnema.

Wie wichtig eine ausreichende, kontinuierliche Flüssigkeitsversorgung gerade für alte Menschen ist, machte Professor Dr. Robert Heinrich, Chefarzt des Zentrums für Akutgeriatrie und Frührehabilitation im Städtischen Krankenhaus München-Neuperlach, in einem Interview mit der Süddeutschen Zeitung deutlich. Mit steigendem Alter nimmt die Fähigkeit des Körpers ab, Wasser zu speichern. Das Reservoir für den Stoffwechsel schwindet um bis zu 20 Prozent. Obendrein aber lässt auch das Durstgefühl nach, das jüngere Menschen bereits entwickeln, wenn sie nur wenig Körperflüssigkeit verloren haben. Zur Berechnung der nötigen Trinkmenge empfiehlt der MDS eine Faustregel: 100 Milliliter je Kilogramm für die ersten zehn Kilogramm Körpergewicht, 50 Milliliter je Kilogramm für die zweiten und 15 Milliliter für jedes weiter Kilogramm. Im Normalfall sind also pro Tag mindestens 1,5 bis 2 Liter Flüssigkeit nötig. Eine Reduzierung kann durch Krankheiten, wie etwa Herzmuskelschwäche, angezeigt sein. Doch weil jeder Mensch allein durch die Atmung und über die Haut 0,9 Liter Flüssigkeit pro Tag verliere, sei dies die absolute Untergrenze für die Flüssigkeitsaufnahme, betont Heinrich. Denn eine Austrocknung habe schwerwiegende Folgen: „Es kommt – banal gesprochen – zu einer Verdickung des Blutes. Die Ausscheidung über die Nieren wird weniger. Die Haut trocknet aus, die Elastizität der Haut und des Unterhautfettgewebes lässt nach." Das ergibt die typischen „stehenden Falten", wenn man die Haut mit zwei Fingern zusammendrückt. „Speichelfluss, Tränensekretion und Bronchialsekretion lassen nach, das Abhusten wird dadurch schwieriger. Damit steigt die Rate von Bronchitis und Lungenentzündung, weil dieses Sekret in den Bronchien bleibt, bakteriell übersiedelt wird und sich infiziert." Blutdruckschwankungen treten auf und als Folge davon Ohnmachts- oder Schwindelanfälle, die zu Stürzen führen können. Nur durch regelmäßige und ausreichende Flüssigkeitszufuhr sei Austrocknung zu verhindern: „Da ist mit gutem Zureden, viel Liebe und viel Sorgfalt zu reagieren."

All dieses Wissen existiert nicht erst seit gestern. Ist es also wirklich nötig, darauf hinzuweisen, dass ein Mensch essen und trinken muss, um zu leben? Eigentlich doch selbstverständlich – aber leider auch fast zwei Jahre, nachdem der MDS seine „Handlungshilfe" veröffentlicht hat, noch immer nicht überall. Denn sonst hätte sich die bayerische Sozialministerin Christa Stewens wohl kaum gezwungen gesehen, einen öffentlichen Hinweis zu geben, der die fachlichen Qualitäten der Pflegeheime in ein fragwürdiges Licht rückt: „Richtige Ernährung und ausreichendes Trinken ist für pflegebedürftige Menschen äußerst wichtig", betonte sie bei einem Expertenforum im Rahmen der Fachmesse „Altenpflege + ProPflege 2005" in Nürnberg. „Insbesondere an Demenz erkrankte Menschen – mittlerweile fast 50 Prozent der Bewohner in den Heimen – können die Wichtigkeit ausreichender Nahrungs- und Flüssigkeitsaufnahme oft nicht mehr richtig einschätzen und laufen damit Gefahr, physisch und psychisch weiter abzubauen", erklärte die Ministerin. In vielen Einrichtungen würden „bedauerlicherweise die Risiken von Mangelernährung und mangelnder Flüssigkeitsversorgung immer noch verkannt". Um die Defizite zu beseitigen, sollten Einrichtungsträger ihre Mitarbeiter im Bereich der Ernährungs- und Flüssigkeitsversorgung gezielt fort- und weiterbilden, verlangte die Sozialministerin. Eine Kinderkrippe, in der die Erzieher die Kleinen nicht ausreichend mit dem Fläschchen versorgen, dürfte wohl kaum eine Fortbildung erhalten, sondern würde vermutlich zugesperrt. Das herzlose Personal würde in der Öffentlichkeit an den Pranger gestellt werden. Doch bei der Versorgung von Menschen in ihrem letzten Lebensabschnitt gelten offenbar andere Regeln. Wenn der Tod schon so nahe erscheint, wozu dann noch so viel Aufwand treiben? Und ist es nicht das natürliche Recht von Sterbenden, Essen und Trinken zu verweigern? Ein leicht zu missbrauchendes Argument für verfrühte Untätigkeit: Denn wenn sie ihre Lieblingsspeisen und zu trinken erhalten, können auch alte Menschen noch Appetit entwickeln. Zum Beispiel verdünnte Säfte, die ihnen schmecken, und nicht den ewig gleichen Tee. Getränke in unmittelbarer Reichweite helfen dabei, das Trinken nicht zu vergessen. Es nützt allerdings meist nichts, die verschlossenen Flaschen hinzustellen, denn alten Menschen mangelt es oft an Kraft, deren Verschlüsse zu öffnen. Selbstverständlich sollten Getränke zu jeder Mahlzeit gehören, die sich im Übrigen auch durch Suppen, stark wasserhaltiges Gemüse und Obst wie Gurken, Tomaten, Melonen oder Erdbeeren ergänzen lässt. Verwirrte Menschen lassen sich leichter zum Trinken motivieren, wenn dafür ihr Lieblingsbecher oder die Lieblingstasse bereitsteht.

Die AOK rät in ihrem Heft „Bleib gesund spezial – Pflege", auf Plastikbecher zu verzichten: „Appetitlich serviert laden Getränke eher zum Trinken ein als im Plastikbecher." Wer möchte das bestreiten?!

Pflegeerleichternde und pflegevermeidende Maßnahmen

Pflegeerleichternd – das klingt ganz harmlos: Wer wollte es den überforderten Pflegekräften nicht gönnen, den harten Arbeitsalltag wenigstens etwas erträglicher zu gestalten? Doch Pflegeerleichterung bedeutet Zeitersparnis und geht deshalb meist zu Lasten der Bewohner. Aus einem Gutachten des Medizinischen Dienstes der Krankenversicherung wird deutlich, dass sich ein Dauerkatheter auf die Pflegeeinstufung auswirkt: „Bei liegendem Dauerkatheter ist der pflegerische Zeitaufwand für die Durchführung der pflegerischen Maßnahmen nicht sehr hoch, es besteht auch keine nächtliche Pflegebedürftigkeit bezüglich der grundpflegerischen Verrichtungen, so dass insgesamt die Kriterien für die beantragte Höherstufung" bei der betroffenen Frau nicht erfüllt seien. Dank Katheter und Windeln entfallen zeitraubende Toilettengänge, dank einer Magensonde fällt das langwierige Essen-Eingeben weg. Was das für Betroffene bedeutet, können sich viele Menschen auch ansatzweise nicht vorstellen.

Menschen, die einen Blasenverweilkatheter haben, sind der erhöhten Gefahr einer Harnwegsinfektion ausgesetzt. Eine Studie in den USA hat ergeben, dass 80 Prozent der mit Verweilkathetern versorgten Patienten in den Akutkrankenhäusern eine Harnwegsinfektion erleiden. Das Risiko steigt dabei mit dem Patientenalter und der Katheterliegedauer erheblich an. Besonders hoch ist die Rate der Harnwegsinfektionen bei dem transurethralen Dauerkatheter. Harnwegsinfektionen sind nicht nur äußerst schmerzhaft für die Betroffenen, sondern können – gerade bei älteren, geschwächten Menschen – zum Tod führen. Experten fordern deshalb Blasenkatheter nur nach strenger Indikationsstellung von gut geschultem Personal legen zu lassen, das mit der Technik des Katheterlegens und den strengen Hygieneanforderungen vertraut ist. Katheter müssten wegen des

mit der Verweildauer drastisch ansteigenden Risikos von Harnwegsinfektionen auch so schnell wie möglich wieder entfernt
werden. Und vor dem Umgang mit dem Blasenkatheter sind die
Hände zu desinfizieren – eine einfache Hygieneregel, die aber
selbst in Krankenhäusern immer noch häufig vergessen wird.

Doch selbst die Desinfektion und der sorgfältige Umgang
können nicht garantieren, dass eine Infektion ausbleibt. „Auch
bei korrekter Katheteranlagetechnik und Verwendung eines ge-
schlossenen Harnableitersystems und trotz sorgfältiger pflegerischer Maßnahmen lassen sich Harnwegsinfektionen länger-
fristig nicht vermeiden", warnt das „Deutsche Ärzteblatt".

Welche traumatischen Erinnerungen das Legen eines Katheters
bei alten Frauen wecken kann, hat Martina Böhmer, Altenpflegerin und Referentin in der Altenarbeit, sehr gut nachvollziehbar beschrieben. Sie hat sich eingehend mit dem Thema „Erfahrungen sexualisierter Gewalt in der Lebensgeschichte alter
Frauen" beschäftigt und dazu ein Buch geschrieben. Anhand eines fiktiven Beispiels erklärt sie, wie eine alte Frau die Situation
erleben muss: „Die Pflegeperson bittet sie um Erlaubnis, dass
die zwei Schülerinnen, die zur Zeit auf der Station sind, beim
Katheterisieren zuschauen dürfen, da sie auch lernen müssen."
Die alte Frau wagt nicht, sich zu widersetzen. „Als sie nackt auf
ihrem Bett liegt, sie aufgefordert wird, doch mal die Beine breit
zu machen, hört, dass es nicht wehtun soll, als sie
die Zuschauerinnen an ihrem Bett stehen sieht, die voller Interesse mitten in ihre Vagina sehen, um die Harnröhre erkennen
zu können, fühlt sie sich zurückversetzt, erneut ausgeliefert."
Obwohl die Pflegeperson freundlich war und ihre Handlungen
erklärt hat, erlebt die alte Frau die Pflege als Grenzverletzung,
so Martina Böhmer. Vielleicht habe der Vater „zu ihr als kleines
Mädchen gesagt, es tut nicht weh. Und der Soldat, der sie 1945
vergewaltigte, hat sie angebrüllt, sie solle die Beine breit machen,
und seine Kameraden haben zugesehen, bis sie an die Reihe kamen." Weil die pflegerische Handlung sehr an eine früher er-

lebte Vergewaltigung erinnern kann, reagiere die Betroffene mit Angst und Panik. Und weil Pflegekräfte den Hintergrund dieser Reaktion nicht kennen, werden sie Ärzte einschalten, die dann Psychopharmaka verschreiben. Damit, so Martina Böhmer, würde den Frauen erneut Gewalt angetan.

Eine besonders subtile Form der Gewaltausübung besteht darin, Bewohnern, die wegen Kontinenzproblemen eine Einlage tragen, die Hilfe zum Toilettengang zu verweigern. Die Tochter einer Heimbewohnerin, die im Rollstuhl sitzt, beschreibt ihr denkwürdiges Erlebnis, als sie kurz vor dem Abendessen eine Pflegekraft bat, zu helfen, weil sie es allein nicht schaffte, die Mutter auf die Toilette zu bringen. „Sie waren gerade auf der Toilette, bieseln Sie in die Windel", lautete die an die Mutter gerichtete Antwort. In allen erdenklichen Variationen haben Angehörige über solche Reaktionen berichtet. Wer das immer noch nicht glauben mag, nimmt vielleicht die offizielle Gesundheitsberichterstattung des Bundes zur Kenntnis: Der vom Robert Koch-Institut im Jahr 2004 herausgegebene Schwerpunktbericht zum Thema Pflege weist auf erhebliche Defizite in der Inkontinenzversorgung hin, die der Medizinische Dienst der Krankenversicherung bei seinen Qualitätsprüfungen festgestellt habe: „Inkontinenzhilfen werden unkritisch als ‚pflegeerleichternde Maßnahmen' eingesetzt, ohne dass die vorhandenen Ressourcen der Pflegebedürftigen ausgeschöpft und unterstützt werden", heißt es in der Publikation des angesehenen Berliner Instituts. „So verlieren Bewohner, die ihre Ausscheidungsfunktion mindestens noch teilweise selbst kontrollieren können, durch eine inadäquate Versorgung mit Inkontinenzhilfen ihre Selbständigkeit." Der Medizinische Dienst der Spitzenverbände der Krankenkassen (MDS) stellte bei 20 Prozent der untersuchten Pflegebedürftigen in Heimen Qualitätsdefizite im Umgang mit Inkontinenzhilfen fest. Bei den von ambulanten Pflegediensten versorgten Menschen lag die Quote sogar noch höher, nämlich bei 25 Prozent.

Wer der einschlägigen Werbung Glauben schenkt, bekommt den Eindruck, Inkontinenz sei nicht mehr der Rede wert, wenn nur die passende Inkontinenzeinlage ausgesucht werde. Eine Pflegefachkraft, die wegen einer vorübergehenden Inkontinenz nach einer Operation einen unfreiwilligen Selbstversuch absolvieren musste, kommt danach zu einem anderen Urteil. Erstmals sei ihr dabei bewusst geworden: „Diese Einlagen geben ein unangenehmes Gefühl in nassem Zustand, es ist warm, zu warm, es juckt und nicht zuletzt, es riecht auch noch unangenehm. Nun kann ich verstehen, wenn inkontinente Bewohner die mehr oder weniger feuchten Einlagen herausziehen", erklärt die Pflegekraft. Und sie betont: „Auch bei einer Inkontinenzversorgung kann das Material den Tag über trocken bleiben, wenn in ausreichendem Maße der Toilettengang angeboten wird."

Am Beispiel einer dementen Bewohnerin, die bei ihrer Aufnahme in das Pflegeheim weder harn- noch stuhlinkontinent war, schildert die Pflegekraft, unter welchen Umständen Windeln zur Pflegeerleichterung eingesetzt werden. Die verwirrte Bewohnerin war nicht mehr in der Lage, die Toilette selbst zu finden. Zeitweise sei auf der Station die Belastung für das Personal so stark, „dass zusätzliche Toilettengänge (vormittags nochmals gegen 10 bis 10.30 Uhr oder am Nachmittag zwischen 15 und 16 Uhr) nicht mehr angeboten werden konnten." Auf diese Weise wird die Bewohnerin inkontinent gemacht. Als sich die Situation wieder entspannt und die Toilettengänge wieder stattfinden, gibt sich bei der Bewohnerin die Inkontinenz. „Dieses Vorkommnis hat mir sehr verdeutlicht, wie oft Bewohner in die Inkontinenz versetzt werden. Es geschieht nicht, weil Pflegepersonal nachlässig ist, sondern weil einfach die Zeit nicht vorhanden ist." Die Pflegekraft selbst berichtet davon, dass sie an einem Vormittag, „an dem nichts so laufen wollte, wie es sollte", keine Zeit hatte, mit Bewohnern auf die Toilette zu gehen. „Nach diesem Dienst bin ich mit keinem guten Gefühl nach Haus gegangen."

Häufig berichten Angehörige oder Betreuer über eine ganz

besondere Art der Pflegeerleichterung und des Sparens: das Hinauszögern des Windelwechsels. Wie eine 83-Jährige, die noch geistig aktiv ist, aber wegen Inkontinenz Windeln benötigt, leidet, beschreibt deren Betreuerin: „Sie beklagt sich ständig, dass die ihr überlassenen Windeln nicht ausreichen. Die Windeln sind vollgesogen, und der Bitte um Austausch wird nur sehr zögerlich nachgekommen." Die ausreichende Bereitstellung von Windeln und der unaufgeforderte Austausch müssten jedoch selbstverständlich sein. Über Kontingentierung von Windeln berichtet auch die Tochter einer stark inkontinenten 80-jährigen Heimbewohnerin. Die Mutter hätte die ihr zugestandenen fünf Vorlagen an einem Tag bereits bis 15 Uhr verbraucht. „Eine Dienstanweisung des Geschäftsführers verbot dem Personal, weitere Vorlagen auszugeben, so dass meiner Mutter bis zum Schlafengehen um 22 Uhr keine frische Vorlage zur Verfügung stand. Die Tür zum Windelraum war abgeschlossen."

Dass die Inkontinenzartikelhersteller durchaus wissen, dass ihre Produkte die Pflege erleichtern können, zeigt nicht nur der Trend zu mehr Saugfähigkeit. Auch die Werbung eines Herstellers macht dies unverhohlen klar: „Durchdachte Details machen es Betroffenen unmöglich, die Inkontinenzhosen oder angelegten Vorlagen zu entfernen, unnötiges Umziehen des Bewohners entfällt. Die Anzahl der nötigen Inkontinenzmittel pro Tag sinkt erheblich." Ein Heimträger, der das Wohl der Bewohner im Auge hat, beschwerte sich in einem Brief an den Hersteller: „Die Vorstellung, sich als erwachsener Mensch in einem ‚Strampelanzug' wiederzufinden, der auf Grund der Raffiniertheit der Hersteller nicht selbständig zu öffnen ist, ist grausam." Für die pflegebedürftigen Menschen sei zu hoffen, dass sich das Produkt „nicht auf dem Markt bewährt". Die Fachleute der Produktentwicklung sollten die Maßstäbe ihres Handelns überdenken und künftig „das angestrebte Ziel ‚Wohlbefinden der Bewohner' als oberstes Prinzip ihres Handelns verstehen".

Doch die Bewohner selbst können ja zumeist nicht darüber entscheiden, was für sie gekauft wird. Und so findet sich bei

Unterwäsche wie einem Body zum Beispiel der Zusatz, der erkennen lässt, wen der Hersteller als Nutznießer im Auge hat: „Wechsel von Inkontinenzprodukten ohne vollständiges Entkleiden – spart Pflegezeit."

Das Wohlbefinden der Bewohner ist auch durch den häufig zu leichtfertigen Einsatz von Ernährungssonden bedroht. Am meisten verbreitet ist dabei die Perkutane Endoskopische Gastrostomie (PEG). Durch die PEG-Sonde, landläufig auch als Magensonde bezeichnet, wird Nahrung und Flüssigkeit über einen Schlauch durch die Bauchdecke zumeist in den Magen geführt. Wann immer der Vorwurf erhoben wird, dass Magensonden zur Pflegeerleichterung eingesetzt werden, finden sich Ärzte, die darauf beharren, dass das Legen einer Sonde selbstverständlich nur nach strenger Indikationsstellung erfolgt. Beim Medizinischen Dienst der Krankenversicherung (MDK) aber erlebt man das oft anders: Dr. Christoph Kreck vom MDK in Hessen hat 2003 seine Erfahrungen aus der Beratungs- und Begutachtungspraxis in Heimen zusammengefasst: „Bemerkenswert ist, dass zwischen 12 und 19 Prozent der mit einer PEG-Sonde Versorgten überwiegend, und weitere acht bis 24 Prozent teilweise oral ernährt wurden. Für diese Gruppe stellt sich die Frage, ob überhaupt eine Indikation für ein Belassen der PEG-Sonde besteht." Kreck betont deshalb: „Bis zu 19 Prozent der Menschen mit PEG-Sonde könnten möglicherweise ausreichend oral ernährt werden." Mit anderen Worten: Könnte sich das Personal ausreichend Zeit zum Essen-Eingeben nehmen, dann bliebe diesen Menschen die Sondenernährung erspart, die sie um das Geschmackserlebnis bringt. Kreck betont: „Unbestritten stellt die PEG-Sonde in vielen Situationen eine notwendige Maßnahme dar, so z. B. bei bleibenden schweren Schluckstörungen nach Schlaganfall, bei Bewusstlosigkeit usw. In anderen Konstellationen kann das Legen einer PEG-Sonde jedoch durch prophylaktische, pflegerische und ernährungsmedizinische Maßnahmen vermieden werden."

Diese müssten in jedem Fall zunächst einmal Vorrang haben. Außerdem sei zu prüfen, „ob die Erwartungen an eine Versorgung mit künstlicher Ernährung, wie sie zum Beispiel bei Angehörigen oder Pflegenden bestehen, überhaupt realistisch sind". So werde inzwischen der Einsatz einer PEG-Sonde bei Patienten mit fortgeschrittener Demenz in der Fachwelt zunehmend kritisch diskutiert. Es ergebe sich kein Vorteil für die Anwendung künstlicher Ernährung im Hinblick auf die erhoffte Verlängerung der Überlebenszeit, die Verbesserung der Wundheilung oder die Vermeidung von Lungenentzündungen. Kreck: „Deutlich wurde dagegen, dass die Lebensqualität durch Legen einer PEG-Sonde teils erheblich beeinträchtigt ist." Immer wieder versuchen sich demente Menschen die Magensonde aus der Bauchdecke zu ziehen. Um das zu verhindern, werden die Betroffenen oft mit Bauch- und Armgurten im Bett festgeschnallt oder aber mit Medikamenten ruhig gestellt. „Die persönliche Zuwendung wird deutlich reduziert. Nicht zu vernachlässigen ist schließlich, dass den Patienten der Geschmack von Essen vorenthalten wird. Der verbreitete Einsatz der PEG-Sonden bei dieser Indikation ist somit nicht gerechtfertigt."

Der Medizinische Dienst der Spitzenverbände der Krankenkassen postuliert deshalb in seiner Grundsatzstellungnahme zur Ernährung: „Es gehört zur Würde und Achtung des Menschen, ihm eine Ernährung zu ermöglichen, die der natürlichen Befriedigung des Grundbedürfnisses auf Nahrung dient. Dabei sind auch kulturelle und gesellschaftliche Aspekte zu berücksichtigen." Die Nahrungsaufnahme durch den Mund sei „so lange wie möglich" anzustreben. „Wenn Menschen zur oralen Nahrungsaufnahme unfähig sind oder diese verweigern, müssen die möglichen physischen und psychischen Gründe genauestens abgeklärt werden. Ablehnung von Nahrung kann auch einen Appell nach Zuwendung darstellen. Wichtig ist, dass Pflegende und Behandelnde eine Ablehnung von einem Unvermögen zur Nahrungsaufnahme unterscheiden können, um angemessen handeln zu können."

In der Praxis wird der Druck auf Angehörige groß, wenn der Zeitaufwand steigt: „Nachdem bei meiner Mutter eine Schluckstörung festgestellt wurde, dauerte das Esseneingeben etwas länger", berichtet deren Tochter über ihre Erfahrungen im Heim, in dem die Mutter lebte. „Sie musste immer wieder ermuntert werden, noch etwas zu essen und zu trinken. Das Kauen und Schlucken dauerte etwa 30 Minuten." Das Personal habe moniert: „Das dauert zu lange." Und der Arzt empfahl, eine Magensonde zu legen. Um dies zu verhindern, wechselten sich die Familienmitglieder ab und gingen jeweils zu den Mahlzeiten in das Heim und konnten so sicherstellen, dass der alten Frau die Magensonde erspart blieb.

„Ein alter Mensch, der auf Grund einer Demenz oder auf Grund eines körperlich schlechten Allgemeinzustands nur sehr langsam essen kann, der auch auf Grund von Mutlosigkeit Nahrung nur widerwillig aufnimmt, benötigt weitaus mehr Zeit als die Bemessung der Pflegeversicherungsrichtlinien", beschrieb Ursula Sarin, die ehemalige Betriebsleiterin der Alten- und Pflegeheime der Stadt Remscheid, schon im Jahr 2000 das Problem. „Das ohnehin überlastete Personal findet nicht die Ruhe, langsam und mit Bedacht und mit Zuspruch" das Essen zu geben. Wer schon erlebt habe, wie sich ein alter Mensch von Verschlucktem befreit, weil ihm das Essen zu hastig gegeben wurde, „wird verstehen, dass das Pflegepersonal nach mehrmaligem Vorkommen dieser Erstickungsattacken panische Angst vor einem erneuten Anfall hat, jede weitere Verantwortung ablehnt und das Legen einer Magensonde zur Ernährung als Lösung vorschlägt."

Längst sind es nicht mehr nur wenige einzelne Heimbewohner, die eine Magensonde erhalten haben. Eine 2004 veröffentlichte Untersuchung des Bremer Gesundheitsamtes ergab, dass im Schnitt 7,8 Prozent der Heimbewohner eine Magensonde haben, in einzelnen Heimen sogar erheblich mehr – bis zu 16,7 Prozent. „Eine PEG-Sonde ist relativ schnell angelegt, es entspricht jedoch der Versorgungsrealität, dass sie bei älteren Menschen eher selten wieder entfernt wird", heißt es in der Untersuchung. Auch der MDS bemängelt, dass eine regelmäßige Überprüfung, ob die Sonde noch notwendig ist, nicht erfolgt. Schlucktraining, eine teilweise Aufnahme der Nahrung und Flüssigkeit und die schrittweise Wiedereinführung der Ernährung durch den Mund seien zwar bei liegender PEG-Sonde möglich, würden aber in der Praxis „eher selten" beobachtet, kritisiert der MDS.

In der Bremer Untersuchung stellten nach den Schlaganfallpatienten, die 42 Prozent der Sondenträger ausmachten, demente Heimbewohner mit 28 Prozent den zweitgrößten Anteil. Dazu passt die vom MDS beobachtete Praxis, „dass z. B. bei bewusstseingestörten oder dementen Patienten der Entschluss zur Anlage einer PEG durch Erwägungen einer Pflegeerleichterung zumindest mitbestimmt wird (Zeitmangel des Personals/der Angehörigen, finanzielle Aspekte, eventuell Unerfahrenheit oder mangelhafte Schulung bezüglich der Verabreichung von Flüssigkeit und Nahrung)". Nahezu jeder Fünfte der Bremer Pflegeheimbewohner mit Magensonde hatte sie deshalb erhalten, weil er angeblich die Nahrungs- oder Flüssigkeitszufuhr oder beides verweigert habe. Professor Dr. Dr. Rolf D. Hirsch von den Rheinischen Kliniken in Bonn hat die Fragen formuliert, die diese Behauptung aufwirft: „Ist Verweigerung bereits gegeben, wenn jemand länger Zeit und Pflege für Essen und Trinken benötigt, als hierfür im Arbeitsplan vorgesehen ist? Wenn einer zum Beispiel passierte Kost nicht essen will? Wenn sich jemand gegen die Nahrungsaufnahme wehrt? Oder wenn er nicht mehr begreift, warum oder wie das vorgesetzte Essen nützt?"

Die Magensonde schafft da schnell vollendete Tatsachen. Ein Nürnberger Allgemeinmediziner, so berichten die „Nürnberger Nachrichten", schätzt, dass bei etwa 20 Prozent der Bewohner mit Magensonde keinerlei medizinische Notwendigkeit besteht. „Die Ärzte klagen darüber, dass sie von mehreren Seiten unter Druck gesetzt würden: von den Kassen, vom Gesetzgeber, von Angehörigen und den überlasteten Pflegekräften." Ruhigstellen mit Medikamenten, Blasenkatheter oder Magensonden – „es gibt kein Heim, wo das nicht nachgefragt wird", erklärte eine Ärztin. Der ärztliche Kreisverband habe deshalb eine Resolution zu den Grundsätzen ärztlichen Handels verabschiedet, in der ärztliche Maßnahmen, die offensichtlich nicht dem Patientenwohl, sondern nur den Interessen Dritter dienen, abgelehnt werden. Die „Nürnberger Nachrichten" kommentieren dies treffend: „Es muss schon einiges im Argen liegen, wenn die Ärzte von sich aus aktiv werden, ethische Grundsätze formulieren und ihre eigenen Kollegen nicht mit Kritik verschonen." Viele Klinikärzte berichten inzwischen hinter vorgehaltener Hand, dass Heime sich weigern, Patienten mit Schluckstörungen aufzunehmen, wenn nicht schon die Magensonde gelegt ist.

Vielleicht liegt die Zukunft in der automatisierten Hilfe. „Weil es in Zukunft immer mehr alte Leute und immer weniger junge gibt, die sie pflegen können, sieht die Wirtschaft einen wachsenden Bedarf für Pflegeroboter", berichtet die Fachzeitschrift CAREkonkret. „2050 – so die Statistiken – muss eine Pflegekraft 17 hilfebedürftige Personen betreuen. Da bleibt menschliche Nähe sowieso auf der Strecke, fürchten viele." Die Entwicklung des Pflegeroboters scheint nicht mehr fern: „Schon heute tragen autonome Roboterwagen in japanischen und amerikanischen Pflegeeinrichtungen das Essen aus", selbst einen Essroboter für Querschnittsgelähmte, die ihre Hände nicht mehr bewegen können, gebe es schon.

Die Bewohner der Heime sind im Durchschnitt älter und kränker als in früheren Jahren – so wird meist die Situation in den Altenpflegeheimen beschrieben. Die Münchner Arbeiterwohlfahrt hat diesen Trend durch Bewohnererhebungen in ihren Pflegeheimen belegt: Der jeweilige Hausarzt hat danach bei jeder Bewohnerin und jedem Bewohner durchschnittlich fünf bis sieben verschiedene Diagnosen gestellt und sechs regelmäßig einzunehmende Medikamente verordnet, erklärte AWO-Geschäftsführer Jürgen Salzhuber. Diabetes, Hirnorganisches Psychosyndrom, Herzschwäche, Herzinfarkt, Schlaganfall, Harn- und Stuhlinkontinenz und Orientierungsstörungen gehören zu den häufigsten Diagnosen. „Die meisten Menschen in den Pflegeheimen sind heute nicht mehr nur alt und gebrechlich, sondern überwiegend sehr krank", erklärt Salzhuber.

Knapp 70 Prozent der im Schnitt 82 Jahre alten Leute leiden unter Herz-Kreislauf-Erkrankungen oder Bluthochdruck. Bei 67 Prozent liegen gerontopsychiatrische oder neurologische Diagnosen vor. Schwer sinnesbehindert durch Blindheit oder Gehörverlust sind 27 Prozent der Bewohner. 26 Prozent haben bereits einen Schlaganfall erlitten, 25 Prozent sind Diabetiker. 16 Prozent der Bewohner müssen mit der Magensonde künstlich ernährt werden, benötigen Beatmung oder haben einen Katheter. Salzhuber verlangt wegen der aufwändigeren Pflege nicht nur mehr Personal für die Heime, sondern grundlegende Veränderungen: „Wir brauchen neben den Pflegeheimen Alten-Krankenhäuser, in denen sich therapeutische Teams aus Ärzten, Psychologen, Sozialarbeitern, Alten- und Krankenpflegern und Seelsorgern um die Schwerstpflegebedürftigen kümmern." Das diene auch der Entlastung des Pflegepersonals, das wegen der kürzeren Verweildauer der Bewohner immer häufiger mit dem Tod konfrontiert sei.

Der Ruf nach mehr Personal in der Pflege allein helfe nicht weiter: „Das reicht nicht aus, denn wir haben ein Strukturproblem. Für die medizinische Versorgung Schwerstpflegebedürftiger ist ein neuer Ansatz nötig. Wir brauchen einen fest angestellten Arzt im Heim, der Verantwortung für die Bewohner übernimmt und medizinische Hilfe auf den Stationen anbietet", sagt Salzhuber. Denn der Hausarzt des Bewohners könne wegen seines Praxisbetriebs bei Problemen nicht sofort kommen. „Deshalb müssen wir dann oft den ärztlichen Notdienst oder gar den Notarzt holen." Der Arzt im Heim solle vor allem auch die fachliche Anleitung der Mitarbeiter, die ja zur Hälfte Hilfskräfte sind, übernehmen.

Mit der großen Zahl von schwerstkranken Patienten, die im Fachjargon multimorbid genannt werden, sind die Pflegeheime in München inzwischen überfordert. Gerade in Großstädten ziehen Menschen praktisch nur noch ins Heim, wenn ihnen gar keine andere Möglichkeit mehr bleibt, weil die Pflege durch Verwandte oder ambulante Dienste nicht mehr sicherzustellen ist. Bei einem Besuch in einem AWO-Pflegeheim in Kulmbach mit seinem ländlichen Umfeld sei deutlich geworden, warum sich dort die Probleme in der Pflege nicht derart zuspitzten, wie in München, erzählt Salzhuber: „Da ist noch etwa die Hälfte der Bewohner der Pflegestation allein zum Essen in den Speisesaal gegangen. Das schaffen unsere Bewohner nicht mehr." Salzhuber führt diesen Unterschied auf die grundsätzlich andere Krankenhaussituation in München zurück. Während auf dem Land „unsere Klientel in den Kreiskrankenhäusern liegt, ist es in München üblich, die Leute zum Sterben ins Pflegeheim zu verlegen". Denn solche Kliniken gebe es in München schon lange nicht mehr. Viele alte Menschen kämen in der allerletzten Lebensphase in ein Heim, weil die teuren Betten der höchsten Krankenhaus-Versorgungsstufe möglichst schnell wieder frei gemacht werden sollen. Das wirkt sich aus, die Verweildauer in den Pflegeheimen hat sich rasant verkürzt. Etwa ein Drittel der 1100 pflegebedürftigen Bewohner bei der AWO stirbt in den ersten beiden Monaten nach dem Einzug. Manche Bewohner seien kaum eine Woche da. „Viele der neu aufgenommenen Bewohner kommen unmittelbar aus der Intensivstation einer Klinik in das Heim", sagt Salzhuber. „Bis zur Verlegung kümmern sich mehrere Ärzte um die hochbetagten Patienten. Danach, in den Pflegeheimen, kann es doch nicht sein, dass dann kein Arzt mehr in der Nähe ist."

Mit dem steigenden Alter und der Vielzahl der Krankheiten hält die Personalausstattung der Pflegeheime längst nicht mehr Schritt. In manchen Stationen der AWO-Pflegeheime liegt der Schnitt der pro Bewohner festgestellten Diagnosen bei zehn, bei einem Bewohner seien es sogar 16 verschiedene. Die derzeit gültige Quote von mindestens 50 Prozent Fachkräften in der Pflege bleibe weit hinter diesen hohen Anforderungen zurück: Angesichts der schweren Krankheitsbilder und der vielen gerontopsychiatrischen Probleme sei längst eine Fachkraftquote von 70 Prozent erforderlich, meint Salzhuber.

Als Ausweg aus dem Dilemma regt er an, Krankenhäuser für alte Menschen zu schaffen, in denen sich „multiprofessionelle Teams" um die Schwerstpflegebedürftigen kümmern; ein Arzt, der nicht Chef ist, sondern der als Berater im Team auch Hilfskräften die richtige Betreuung beibringen kann. Durch den Einsatz eines Arztes könnten viele teure Notarzteinsätze in den Heimen und immer wiederkehrende Krankenhausverlegungen von Bewohnern verhindert werden – diese seien unnötig belastend, betont Salzhuber: „Wenn man alte Menschen aus ihrer vertrauten Umgebung reißt, werden sie nur noch schneller verwirrt." Gab es Sondenernährung früher nur im Krankenhaus, gehört sie inzwischen längst zum Alltag der Pflegeheime. Weil drei Viertel der Bewohner psychosozial verändert seien, müssten den Teams außer Altenpflegern und Krankenschwestern auch Psychologen und Sozialarbeiter angehören. Um die Versorgung alter Menschen im Pflegeheim zu verbessern, hat die Münchner Arbeiterwohlfahrt in ihrem Haus an der Gravelottestraße erstmals einen Arzt eingestellt. Seit Juni 2001 betreut dort der Not- und Bergwachtarzt Peter Neher die 125 Bewohner. Seine Stelle hat das Spendenhilfswerk „Adventskalender für gute Werke der Süddeutschen Zeitung" auf zwei Jahre befristet finanziert, weil die Krankenkassen im Vorfeld nicht gewillt waren, wenigstens diesen bescheidenen Versuch einer Verbesserung zu finanzieren. Salzhuber hoffte damals noch, die Krankenkassen in diesem Zeitraum davon überzeugen zu können, die Finanzierung zu übernehmen: Denn ein schon länger laufendes Modellprojekt in Berlin hat bereits nach kurzer Zeit bewiesen, dass nicht nur die alten Menschen besser versorgt sind, sondern so auch erhebliche Einsparungen erzielt werden können.

In Berlin konnten – wie die Ergebnisse des 1998 gestarteten Projekts „Ärztliche, pflegerische und therapeutische Betreuung Schwerstkranker in stationären Einrichtungen" zeigen – die Krankenhauseinweisungen erheblich reduziert werden. Dadurch sind im Jahr 2000 in den teilnehmenden 40 Heimen rund 5,5 Millionen Euro eingespart worden. Abzüglich der Kosten für die verbesserte ärztliche Versorgung mussten die Kassen 3,5 Millionen Euro weniger ausgeben. In der Mehrzahl der Heime ist die ärztliche Rund-um-die-Uhr-Versorgung mit fest angestellten Ärzten sichergestellt worden, in den anderen mit niedergelassenen Ärzten. „Durch die medizinische Betreuung rund um die Uhr kennen die angestellten und niedergelassenen Ärzte ihre Patienten sehr genau und können besser einschätzen, wann die Einweisung in eine Klinik indiziert ist", lobte die Ärzte-Zeitung das Projekt und stellte dem die herkömmliche Situation gegenüber: „In den übrigen Heimen wird die Versorgung außerhalb der Sprechstunden durch den fahrenden Ärztlichen Bereitschaftsdienst der Kassenärztlichen Vereinigung Berlin sichergestellt. Die dort tätigen Ärzte kennen die alten Menschen nicht und überweisen sie oft schneller ins Krankenhaus."

Auch bei der Krankenversicherung gab es Anerkennung. „Das Projekt hat den Nachweis erbracht, dass ein qualitatives

Plus bei der Betreuung der Bewohner Krankenhauseinweisungen und damit verbundene Fahrkosten deutlich reduziert", betonte Rolf Dieter Müller, Vorstandsvorsitzender der AOK Berlin. Dem ZDF-Magazin Frontal21 gegenüber pries er die Vorzüge des Modells, das den Heimen einen Festbetrag für die Gesundheitsversorgung gibt. „Wir sparen durch die Investitionen in enormem Umfang. Und zwar 57 Prozent an Krankenhausaufwendungen, 64 Prozent an Transportkosten, mehr als 12 Prozent an Arzneimittelaufwendungen. Wenn man das zusammenrechnet, sparen wir insgesamt für die Modellversuche, die wir durchgeführt haben, vier Millionen Euro ein." Müller macht eine Rechnung auf: „Würden wir diese Modellversuche auf alle Einrichtungen in Berlin übertragen, würde allein die AOK Berlin 30 Millionen Euro sparen – bei einer besseren qualitativen Versorgung der jeweiligen Patienten." Hochgerechnet könnten rund 600 Millionen Euro jährlich eingespart werden, wenn das Berliner Modell bundesweit eingeführt würde. Doch das ist nicht einfach – denn die starre Trennung nach Töpfen für die ambulante und für die stationäre Versorgung macht es schwierig, Einsparungen im einen für den anderen zu verwenden. Weder Kliniken noch niedergelassene Ärzte wollen von ihren Budgets etwas abgeben. In München hat sich die AOK lange nicht einmal für einen winzigen Versuch erwärmen können.

Doch mit finanzieller Unterstützung des SZ-Adventskalenders konnte die Arztstelle in dem Münchner AWO-Pflegeheim gesichert werden. Der Notarzt musste seltener geholt werden, Bewohner konnten dank des fest angestellten Arztes die nötige Therapie, etwa die bei einer schweren Lungenentzündung nötige intravenöse Antibiotikagabe, im Pflegeheim erhalten. Obwohl sich nicht alle der durchschnittlich 80 Krankenhauseinweisungen pro Jahr verhindern lassen, zeigt sich da ein enormes Sparpotential, wenn, wie in Berlin, durchschnittlich jede zweite Einweisung verhindert werden kann. Denn es entfallen die teuren Transportkosten mit dem Krankenwagen und die hohen Pflegesätze in der Klinik – im Durchschnitt blieben die Patienten aus den AWO-Heimen 18 Tage in den Kliniken. Seit in dem AWO-Heim der fest angestellte Arzt täglich Visite bei den Bewohnern macht, sei auch die Sterbequote deutlich zurückgegangen. „Außerdem ist die Personalfluktuation gesunken, weil sich das Personal nicht mehr mit schwerstkranken Menschen alleingelassen und überfordert fühlt", so Salzhuber.

Der festangestellte Arzt, Dr. Neher, der an jedem Arbeitstag alle Bewohner besucht und dadurch auch mit ihren gesundheitlichen Problemen bestens vertraut ist, leitet Hilfskräfte an. Die Fortbildung zu speziellen Themen wie Wundbehandlung oder Austrocknung gehört ebenfalls zu seiner Aufgabe. Dank seiner Unterstützung überstanden die Bewohner die in Pflegeheimen so gefürchtete sommerliche Hitzewelle ohne die sonst üblichen Austrocknungs- und Kreislaufprobleme. Etwa 80 Prozent der von Neher betreuten Bewohner können sich nur noch mit Gehwagen oder Rollstuhl fortbewegen, brauchen also viel Hilfe. Selbst außerhalb der Arbeitszeit berät Neher das Pflegepersonal bei medizinischen Problemen. Doch auch vier Jahre nach dem Start ist die Finanzierung des Arztes im Heim nicht dauerhaft gesichert. Die AOK und auch die Kassenärztliche Vereinigung konnten sich nicht einmal mit einem befristeten Versuch so recht anfreunden. Das Münchner Sozialreferat steht zwar dahinter, und auch die Stadträte machten einhellig politischen Druck. Doch der hinhaltende Widerstand, der mit dem starren Verteilungssystem in der Krankenversicherung zu tun hat, ist schwer zu brechen. Denn wenn in dem Topf der Krankenhausausgaben gespart wird, bedeutet das noch lange nicht, dass dann wenigstens ein Teil davon für die niedergelassenen Ärzte abfällt. Und deshalb sind die Kassenärztlichen Vereinigungen in Gebieten wie München, die mit Ärzten überversorgt sind, wenig geneigt, dem Kollegen im Heim die Möglichkeit zu verschaffen, seine Leistungen für die Bewohner mit den Kassen abzurechnen. Denn das schmälert das Einkommen der bereits zugelassenen Ärzte.

Um anderweitig eine ärztliche Versorgung im Heim zu schaffen, hat die Kassenärztliche Vereinigung Bayern das nach vielen Hindernissen und Verzögerungen gestartete, hochkomplizierte Modell des Geriatrischen Praxisverbundes entwickelt, das regelmäßige, tägliche Arztbesuche sowie schnelle Akuthilfe sichern soll. Die 14 niedergelassenen Ärzte übernehmen in einem Praxisverbund abwechselnd die medizinische Betreuung der Pflegeheimbewohner. Jeden Tag kommt ein Arzt für etwa zwei Stunden zur Visite ins Heim und ist darüber hinaus für Akutfälle von morgens bis abends erreichbar. Der nötige Informationsaustausch und die Absprache mit dem nächsten Kollegen läuft über EDV. Die Erprobung in einem Münchner Heim dauert an. Es sieht bisher nicht danach aus, dass dieses Modell in absehbarer Zeit flächendeckend eingeführt wird.

Wie wichtig wenigstens die stundenweise Anwesenheit eines Arztes wäre, macht der enorme Arzneibedarf einer Pflegestation deutlich. Im großen Wandschrank im Stationszimmer stehen Plastikbehälter von der Größe eines Schuhkartons nebeneinander aufgereiht, jeweils beschriftet mit den Namen eines Bewohners. Jeder hat seinen eigenen Medikamentenvorrat in einer Box, so ist es Vorschrift. Und außerdem muss jede einzelne Schachtel noch den Namen des Patienten tragen. Wenn eine Pflegekraft die Wochendosis der Medikamente für 23 Stationsbewohner auf deren Pillenschachteln verteilt, vergehen bis zu drei Stunden. Denn viele der alten Leute haben acht oder zehn verschiedene Medikamente verordnet bekommen.

Der gewaltige Arzneibedarf ließe sich senken: Die Ausgaben für Medikamente summieren sich nach Salzhubers Berechnungen auf bisher 140 000 bis 250 000 Euro pro Jahr und Pflegestation mit 23 bis 25 Bewohnern. Dabei muss viel weggeworfen werden – etwa wenn ein Bewohner stirbt. Eine Stationsapotheke, die, wie in den Krankenhäusern, alle Patienten versorgt, ist bisher nicht zulässig. „Mit einer Stationsapotheke könnten wir einen Einsparungseffekt von 30 bis 50 Prozent erzielen",

glaubt Salzhuber. Das wären allein schon bei den 28 Pflege-
stationen der Arbeiterwohlfahrt mehrere Millionen Euro. Trotz
einiger Vorstöße hat sich diese Situation nicht grundlegend verändern lassen: Mit Zustimmung der Angehörigen lassen sich
nicht verbrauchte und noch nicht angebrochene Medikamente
zwar für andere Patienten weiter nutzen, aber eine kostengünsti-
gere Versorgung über Anstaltspackungen ist nicht möglich, da
die Medikamente für jeden Bewohner gesondert bevorratet und
beschriftet werden müssen. Mit den Ersparnissen ließe sich
ohne weiteres ein Arzt im Heim finanzieren – aber das ist wohl
zu einfach gedacht.

Ein Arzt im Heim könnte auch sicherstellen, dass alte Menschen, die unter Schmerzen leiden, eine wirksame Therapie
bekämen. „Schmerz ist kein ‚normaler‘ Bestandteil des Alters,
obwohl das viele Menschen immer noch annehmen“, betont das
Kuratorium Deutsche Altershilfe. Doch weil Ärzte und Pflegekräfte nicht über die Möglichkeiten der Schmerztherapie Be-
scheid wissen, müssen viele Menschen unter Gelenk- und Rü-
ckenschmerzen, Nervenschmerzen bei Gürtelrose und Tumor-
schmerzen unnötig leiden. „Außerdem tun sich alte Menschen
oft schwer damit, erstens den Begriff ‚Schmerz‘ als etwas zu begreifen, über das man spricht, und ihn zweitens dann auch noch
exakt zu beschreiben“, erklärt Dr. Uwe Junker, leitender Arzt
der Abteilung „Spezielle Schmerztherapie und Palliativmedizin“
im Sana-Klinikum Remscheid im Interview mit der KDA-Zeit-
schrift „Pro Alter“. Eine Untersuchung habe gezeigt, „dass viele
alte Menschen Schmerz als eine Herausforderung, als Zeichen
von Schwäche oder als Strafe für eine vermeintliche Schuld
begreifen“. Der neu entwickelte „Expertenstandard Schmerz-
management“ vermittelt die neuesten Erkenntnisse wirksamer
Schmerzbekämpfung. Professor Dr. Jürgen Osterbrink, Leiter des
Schulzentrums für Krankenpflegeberufe am Klinikum Nürnberg
und Leiter der Expertengruppe, die den Standard erarbeitet hat,
macht mit einem Beispiel deutlich, dass erfolgreiche Schmerztherapie sogar Pflegebedürftigkeit verhindern kann: „Ein hoch-

betagter Mensch leidet nach einer großen bauchchirurgischen Operation unter akuten Schmerzen, die aber nur unzureichend behandelt werden." Die Folge: Der Patient bleibt eine Woche lang im Bett. Osterbrink betont: „Er kann in dieser Zeit bis etwa drei Kilogramm an Muskelmasse verlieren. Dies bedeutet, dass man diesen Patienten später nur noch schwer aktivieren und mobilisieren kann." So kann Schmerz zur dauerhaften Pflegebedürftigkeit führen.

Offene, entzündete Wunden, von blauschwarz verfärbtem, absterbendem Gewebe umgeben – solche Bilder dokumentieren das Sterben von pflegebedürftigen Menschen unter qualvollen Schmerzen. Eine schlimme Folter: der ganze Rücken offen, die Schulterblätter, die Wirbelsäule und das Gesäß wund gelegen bis auf die Knochen. Unzählige solcher Bilddokumente von den Folgen pflegerischer Vernachlässigung in Heimen, Krankenhäusern und Privatwohnungen hat Professor Dr. Klaus Püschel, Leiter des Instituts für Rechtsmedizin an der Hamburger Uniklinik Eppendorf, angefertigt. Bei 11,2 Prozent der von seinem Institut 1998 untersuchten 10 222 Leichen sind Dekubitalgeschwüre, Durchliegestellen, festgestellt worden. Schwere und schwerste Druckgeschwüre – das bedeutet Schädigung aller Gewebsschichten – stellte der Rechtsmediziner bei zwei Prozent der untersuchten Leichen fest. Demnach sei davon auszugehen, dass es in Hamburg rund 400 Menschen pro Jahr mit wund gelegenen, offenen Stellen gebe.

Etwa ein Viertel der schweren Dekubiti führen laut Püschel durch Blutvergiftung zum Tod: Ausgehend von der entzündeten Durchliegestelle breiten sich Krankheitskeime im Körper aus. Sie gelangen in die Blutbahn und bewirken eine Blutvergiftung, die zum Tod führt. Somit würden in Hamburg rund 100 Menschen jährlich an Dekubitus sterben – „das sind doppelt so viele Menschen, wie sie Tötungsdelikten zum Opfer fallen". Doch während sich um Letztere in Hamburg fünf Mordkommissionen kümmerten, habe sich für die 100 Dekubitus-Toten bisher niemand interessiert, obwohl strafrechtlich zumindest fahrlässige Tötung in Betracht komme. Bundesweit dürften jährlich etwa 8000 alte Menschen dem schmerzhaften Leiden erliegen.

Püschel hat als Rechtsmediziner von Berufs wegen Tag für Tag mit den Opfern von Mord und Totschlag, von Unfällen und Misshandlungen zu tun. Das alltäglich erlebte menschliche Elend hat ihn nicht abstumpfen lassen, im Gegenteil: Weil er bei den Leichenschauen sehen musste, „wie abgemagert, wie schlecht gepflegt, wie durchgelegen viele alte Menschen sind", besann er sich auf seine Möglichkeiten, die Größenordnung der immer wieder als Einzelfälle verharmlosten Dekubitus-Probleme bewusst zu machen: „Ich habe angefangen zu zählen." Denn bei jeder Leiche, die in Hamburg eingeäschert werden soll, muss erst eine zweite Leichenschau durch das Institut für Rechtsmedizin vorgenommen werden. Eine vergleichbare Regelung wie auch in anderen Bundesländern gibt es in Bayern nicht, weil dazu die gesetzliche Grundlage fehlt. Püschel hat aber keinen Zweifel, dass auch in München die Situation nicht anders ist als in Hamburg. Mehr als die Hälfte der schwersten Dekubitus-Fälle kam dort aus dem Pflegeheimbereich, ein knappes Drittel war zu Hause versorgt worden, der Rest kam aus dem Krankenhaus.

Gesunde Menschen bleiben nicht auf einer Stelle sitzen oder liegen: Sowohl tagsüber als auch nachts verändern sie immer wieder ihre Lage, meistens unbewusst. Bei alten, kranken Menschen funktioniert dieser Schutz nicht mehr: Durchliegestellen entstehen, wenn durch Druck von mehr als zwei Stunden Dauer die Blutversorgung im Gewebe völlig gedrosselt wird. Dabei reicht schon der Druck des eigenen Körpergewichts aus – weswegen Menschen, die ihre Lage nicht mehr aus eigener Kraft verändern können und dauernd sitzen oder liegen, besonders gefährdet sind. Der Druck kann bei Querschnittsgelähmten zu offenen Wunden führen, wenn sie nicht alle zwei Stunden umgelagert werden, ebenso wie bei alten Menschen, die sich aus eigener Kraft kaum bewegen können oder im Bett fixiert sind. Schmutz und Feuchtigkeit, zu wenig Flüssigkeitszufuhr und schlechte Ernährung beschleunigen die Entwicklung der Druckstellen, die mit einer Rötung beginnt. Spätestens dann muss die Vorsorge einsetzen. Sonst liegt nach einer Blasenbildung das Unterhautfett- oder das Muskelgewebe frei, in der schlimmsten Stufe ist das Knochengewebe beteiligt. Die wenigsten Menschen wissen, dass die Druckgeschwüre wehtun: Die „höllischen Schmerzen" seien nur durch die Gabe von Opiaten zu lindern, „die Wunden stinken zum Himmel", erklärte Püschel. Oft hat er keinerlei Zeichen einer medizinischen Behandlung feststellen können, wie er in einem Bericht von Report München betont: „Kein angemessener Verband, sondern lediglich ein Abdecken der Stelle durch Mullverbandsmaterial ohne eine spezifische Therapie." Niemand wolle hinschauen: „Es wird die Bettdecke darübergetan, und dann sieht man das Problem nicht." Püschel sieht seinen Berufsstand in der Pflicht: „Leider schauen auch viele Ärzte nicht hin, so dass das im Verborgenen bleibt."

Hamburg hat Konsequenzen aus der Untersuchung gezogen: So wird bei Pflegebedürftigen das Dekubitus-Risiko klassifiziert und der Prophylaxe mehr Aufmerksamkeit gewidmet. Durch Prophylaxe seien Durchliegestellen fast immer zu vermeiden. Dass Dekubitus in den Heimen häufiger auftrete, hänge zwar auch damit zusammen, dass sich dort die Schwerstpflegefälle konzentrieren. Hauptursachen seien aber der Einsatz von Hilfskräften und die insgesamt nicht ausreichende Personalausstattung: „Wir müssen tatsächlich mehr investieren in die Pflege." Deutliche Kritik übt Püschel an seinen Kollegen: „Viele Ärzte haben keinen blassen Schimmer von der Behandlung eines Dekubitus. Sie gucken nicht einmal unter die Decke und überlassen es allein der Pflege, sich darum zu kümmern." Und so habe er bisher auch nicht einen einzigen Totenschein gesehen, der auf Dekubitus laute. Nur 229 Totenscheine enthielten 1999 diesen Eintrag, wie die Todesursachenstatistik des Statistischen Bundesamtes belegt.

Eine weitere Untersuchung bestätigte 2002 im Wesentlichen die Hamburger Ergebnisse: Bei 2350 von 16 788 Leichen, knapp 14 Prozent, fand der Rechtsmediziner Joachim Eidam aus Hannover Hinweise auf Dekubiti. „Das Ergebnis ist skandalös", sagte der Pathologe gegenüber der Ärzte-Zeitung: „Gerade habe ich einen Gestorbenen mit einer Nekrose am Unterschenkel untersucht. Die Stelle war schon ganz schwarz. Auf dem Leichenschein aber stand als Todesursache Herzinfarkt." Eidam sprach von großer Unkenntnis bei der Behandlung von Menschen mit Dekubitus. Die Behandlung müsse beginnen, bevor dieser überhaupt sichtbar werde. Noch deutlicher äußerte sich Eidam in Pro Alter, dem Fachmagazin des Kuratoriums Deutsche Altershilfe: Viele Druckgeschwüre, die er gesehen habe, seien gar nicht, zu spät oder aber falsch behandelt worden. „Da ist nichts unternommen worden, denn sonst hätten keine Wunden entstehen können, die in den schlimmsten Fällen pizzatellergroße Zonen aufweisen und bei denen man in der Mitte durch alle Gewebsschichten bis auf den Knochen sehen kann." Zum Teil habe sich die Haut in schwarz-grauen Flecken abgelöst. Eidam sah auch „jauchig zerfallende Geschwüre" mit schwarzen Wundrändern – ein Zeichen dafür, dass das Gewebe abgestorben ist.

Selbst nach vorsichtigen Schätzungen, so berichtet das Robert Koch-Institut in seiner Broschürenreihe zur Gesundheitsberichterstattung des Bundes, „entwickeln jährlich mehr als 400 000 Personen ein behandlungsbedürftiges Druckgeschwür". Andere Schätzungen sprechen davon, dass in der Bundesrepublik 1,2 Millionen Menschen an einem Druckgeschwür leiden. Die Verbreitung von Dekubitus liegt nach Expertenschätzungen durchschnittlich bei zehn Prozent im Krankenhaus, bei 20 Prozent unter Pflegebedürftigen, die in ihrer häuslichen Umgebung versorgt werden, und bei 30 Prozent in Geriatrischen Kliniken und Pflegeheimen. Tatsächlich aber schwanken die Werte in einzelnen Einrichtungen enorm. Das Robert Koch-Institut betont: „Einmal entstanden, sind Druckgeschwüre für die Betroffenen sehr belastend, ihre Behandlung aufwändig und teuer, die Heilung langwierig und teuer." Die Kosten, die sich bei einer sinnvollen Prophylaxe für die Behandlung von Druckgeschwüren einsparen ließen, werden auf Beträge zwischen 1,5 und drei Milliarden Euro geschätzt. Dennoch geschieht nichts, um dies zu ändern.

Die schlechte Pflege kostet viel Geld und wird, wie Klinikärzte, die anonym bleiben wollen, einräumen, damit zu einem wichtigen Wirtschaftsfaktor für die vom Bettenabbau bedrohten Krankenhäuser. Ein Interesse der Klinikleitungen, Anzeige zu erstatten wegen Körperverletzung im Heim, ist unter diesen Umständen natürlich nicht gegeben.

Offene, entzündete Wunden machen eine Krankenhausaufnahme und chirurgische Eingriffe erforderlich. Regelmäßige Lagerungswechsel, oft in zweistündigem Abstand, sowie häufige Verbandswechsel verursachen hinterher zusätzliche Kosten. Mindestens die Hälfte der Summe für die Behandlung von Druckgeschwüren könnte durch Prophylaxe und bessere Therapie eingespart werden, darüber sind sich die meisten Experten einig. Schlimmer aber noch: „Trotz gut verfügbarer wissenschaftlicher Erkenntnisse werden heute noch veraltete und sogar schädliche Behandlungsmethoden angewandt. Der aus der Praxis berichtete, teilweise mangelhafte Informationsfluss zwischen Ärzten, Pflegekräften und Kostenträgern sowie eine ungenügende Zusammenarbeit können zu einer Verlängerung des Leidens der Betroffenen und zu erheblich höheren Kosten führen. Abhilfe wird nicht gerade erleichtert „durch eine komplizierte Verschreibungs-, Antrags- und Bewilligungspraxis" für vorbeugende Maßnahmen und Hilfsmittel. All jenen, die Dekubitus für ein in der Regel unabänderliches Schicksal halten, tritt das Robert Koch-Institut entgegen: „Aus medizinischer, pflegerischer, ethischer und gesundheitsökonomischer Perspektive muss das zentrale Anliegen daher sein, Druckgeschwüre konsequent durch erfolgreiche, kooperativ erbrachte Vorbeugemaßnahmen zu verhindern."

Das Robert Koch-Institut räumt dabei auch mit der weit verbreiteten Ansicht auf, dass Dekubitus ein unvermeidbares Schicksal für jene darstelle, die sich kaum mehr selbst bewegen können: „Dekubitus ist weder eine regelmäßige Folge bestimmter Erkrankungen, noch eine schicksalhafte Begleiterscheinung des Alters." Bis auf wenige Ausnahmen könne das Auftreten

„mit maximalem Aufwand personeller und materieller Mittel" verhindert werden, betonen die Experten. Druckgeschwüre seien das Ergebnis sich gegenseitig verstärkender Faktoren: Mobilitätseinschränkungen, Durchblutungsstörungen der Haut, Erkrankungen oder Beeinträchtigungen des Stoffwechsels wie etwa Diabetes, Hauterkrankungen oder Hautschädigungen, beispielsweise durch Inkontinenz. Auch Mangelernährung kann die Wundheilung verzögern oder verhindern. Die offene Wunde kann sich infizieren. Die Eiterherde können sich ausbreiten und fatale Folgen zeitigen: Knochenabszesse, Lungenentzündungen, Blutvergiftung. Für die Betroffenen bedeuten Dekubiti chronische Schmerzen. Noch schlimmer muss es sein, den körperlichen Verfall so augenfällig an sich selbst sehen zu müssen. Die Betroffenen reagieren oft mit Angst, Depression oder Apathie.

Um die Entstehung von Dekubitus zu verhindern, empfiehlt das Robert Koch-Institut das Hauptaugenmerk darauf zu richten, längerfristigen Druck auf gefährdete Hautareale zu verringern: „Am zweckmäßigsten ist die Mobilisation von Patienten und alten Menschen aus dem Bett. Da der Auflagedruck bei Sitzenden aber um ein Vielfaches höher ist als beim Liegen, verschiebt ein bloßes ‚Heraussetzen in den Lehnstuhl‘ lediglich das Problem." Es sei deshalb angebracht, Betroffene zum Gehen und Stehen zu animieren. Ein guter Ratschlag – aber dazu bräuchte das Pflegepersonal eben mehr Zeit. Doch genau daran fehlt es. Darunter leiden oft auch bettlägerige Patienten, die einen Lagewechsel aus eigener Kraft nicht mehr vornehmen können. In der Pflegedokumentation, so berichteten Pflegekräfte, werden Lagerungspläne von überfordertem Personal schon mal vorab abgezeichnet, um sich Luft zu verschaffen. Auch die Ernährung spielt für das Dekubitus-Risiko eine wichtige Rolle. Darauf weist die Gesellschaft für Ernährungsmedizin und Diätetik hin: „Die richtige Ernährungstherapie mit einer nährstoff- und eiweißreichen Kost kann bei Senioren das Wundliegen wirkungsvoll verhindern, oder die Heilung bereits vorhandener Druckgeschwüre fördern."

Bis zu 90 Prozent der Druckgeschwüre, unter denen pflege-bedürftige Menschen leiden, hält Norbert Matscheko, Leiter der Bayerischen Pflegeakademie, für vermeidbar. „Es könnte vieles an Leid und auch an Kosten gespart werden", betonte er beim Münchner Pflegestammtisch. Dazu müssten nur alle schon jetzt vorhandenen Kenntnisse und Erfahrungen in der Vorbeugung und Therapie von chronischen Wunden „konsequent und über-all" genutzt werden. „Bisher wird nur jede fünfte chronische Wunde richtig versorgt", sagte Matscheko, der Beiratsmitglied des Vereins „Initiative Chronische Wunden" (ICW) ist. In ihr haben sich Ärzte und Pflegende zusammengeschlossen, um die Situation für Menschen mit chronischen Wunden zu verbessern.

„Chronisch" sind Wunden, die nicht innerhalb von acht Wochen nach ihrem Entstehen abheilen. Sie können durch lan-ges Liegen oder Sitzen auf einer Stelle – etwa bei bewegungs-unfähigen Menschen im Bett oder im Rollstuhl – entstehen, wie die Druckgeschwüre. Chronische Wunden entstehen aber auch durch Durchblutungsstörungen in den Beinen, bei Unter-schenkelgeschwüren, oder bei Diabetikern als Folge eines lange schlecht eingestellten Blutzuckerwertes. Die Konsequenzen für die Betroffenen sind fatal: So würden bei Diabetikern jährlich fast 28 000 Amputationen vorgenommen, die nach Experten-schätzung vermeidbar wären, erklärte Matscheko. Trotz der unterschiedlichen Ursachen für chronische Wunden gebe es den-noch eine wesentliche Gemeinsamkeit: Die häufig als „nicht heilbar" eingestuften Wunden könnten durch zeitgemäße Thera-pien binnen kurzer Zeit heilen.

„Immer noch wird Dekubitus bei älteren, bettlägerigen Leuten vor allem von Laien als unausweichlich angesehen", sagt die Lei-terin des Standard-Arbeitskreises im Neuperlacher Kranken-haus, Christa Gottwald, die den Expertenstandard zur Dekubi-tusprophylaxe mit erarbeitet hat. Über die schweren Schmerzen hinaus sei es für Patienten besonders deprimierend, erleben zu müssen, „wie man bei lebendigem Leib verfault".

Im Krankenhaus Neuperlach in München ist im Rahmen eines Projekts zum Dekubitusmanagement eine Risikobewertung für neu eintreffende Patienten entwickelt worden. Entscheidende Kriterien auf der Skala sind dabei vor allem Alter, Bettruhe, Über- oder Untergewicht, Hautzustand und Medikamentengaben. Rund 40 Prozent der Patienten im gesamten 800-Betten-Krankenhaus gelten demnach als Risikopatienten. Weil es vor allem darauf ankommt, solche Kranke regelmäßig umzulagern, damit an den belasteten Körperstellen keine Druckgeschwüre entstehen, sind „Lagerungspläne" am Krankenbett eingeführt worden. Darin wird festgehalten, wie häufig jemand anders gelagert werden muss. „Manche Patienten können vier Stunden auf einer Seite liegen bleiben, andere müssen jede halbe Stunde gedreht werden", beschreibt Christa Gottwald die Bandbreite der Intervalle. Durch die Vorbeugung ließ sich die Dekubitusrate um bis zu 50 Prozent senken. Überraschenderweise stellte sich dabei auch heraus, dass zur Dekubitusprophylaxe weniger teure Spezialmatratzen erforderlich sind als vor allem eine umsichtige Versorgung von Risikopatienten.

Herausgestellt hat sich auch, dass erste Hautschädigungen und Druckstellen oft schon zu einem Zeitpunkt entstehen, zu dem früher noch niemand an Dekubitusvorbeugung gedacht hat: „Oft verharren Patienten, wenn sie ins Krankenhaus gebracht werden, in einer Art Schockzustand auf den harten Transportliegen." Während der Aufnahme entstehen immer wieder Wartezeiten, etwa beim Röntgen oder beim EKG. „Wir stellen deshalb nun geeignete Auflagen für die Transportliegen bereit oder transportieren die Patienten im Bett." Bei Operationen, die länger als zwei Stunden dauern, werden Gelkissen zur Polsterung des besonders gefährdeten Steißbeins eingesetzt. Beim „Abwaschen" der Patienten am OP-Tisch wird darauf geachtet, dass die Patienten nicht in „Pfützen" liegen: „Hohlräume zwischen Körper und OP-Tisch werden mit saugenden Materialien ausgepolstert", sagt die Krankenpflege-Lehrerin.

Bei der Entlassung der Patienten wird mit Hilfe des Pflegeverlegungsprotokolls die Information über erprobte Maßnahmen zur Dekubitusprophylaxe auch an Pflegeheime, ambulante Pflegedienste oder pflegende Angehörige weitergegeben. Künftig sollen außerdem eigens Schulungen für pflegende Angehörige durchgeführt werden. „Trotz aller Bemühungen kann das Entstehen eines Dekubitus manchmal nicht verhindert werden", sagt Christa Gottwald, so etwa bei hochbetagten, an mehreren Krankheiten leidenden Patienten. „Aber ein Dekubitus muss auch für diese Patienten kein unabwendbares Schicksal sein. Viele Pflegefehler lassen sich vermeiden, wenn die professionell Pflegenden verschiedene Möglichkeiten der Prophylaxe kennen, sie hinterfragen und patientengerecht einsetzen können."

Um den Umgang mit dem Dekubitusrisiko ist es in den Heimen schlecht bestellt. Das geht aus dem 1. Qualitätsbericht des Medizinischen Dienstes der Spitzenverbände der Krankenkassen (MDS) hervor, der Ende 2004 vorgelegt wurde. Stichprobenartig überprüfte der Medizinische Dienst der Krankenversicherung die Dekubitusprophylaxe und -therapie. 3447 Bewohner wurden untersucht. „Bei 43 Prozent der untersuchten Bewohner gab es Probleme bei der Vermeidung von Druckgeschwüren", berichtete der MDS. In diesen Fällen war das Vorgehen zur Vermeidung eines Dekubitusrisikos oder aber die Behandlung eines bereits entstandenen Dekubitus nicht angemessen. Dabei hat der MDS bereits 2001 eine „Grundsatzstellungnahme Dekubitus" herausgebracht, um den Pflegeeinrichtungen eine Arbeitshilfe zu bieten. „Zweifellos ist es keine Frage der Wirtschaftlichkeit, sondern vielmehr aus ethischer Sicht strikt geboten, der Dekubitusprophylaxe vor der -therapie den absoluten Vorrang einzuräumen", betonen die Experten des MDS.

Konkretes Wissen zur Vorbeugung und Behandlung gibt es also inzwischen mehr als genug. Doch im Pflegealltag vieler Einrichtungen kommt es offenbar nicht an. So notiert die Münchner Heimaufsicht im Jahr 2003: „Der nationale Dekubitusstandard ist zwar bekannt, die Umsetzung aber durchgängig fehlerhaft. Eine Dekubitus-Risikoanalyse wird nur vereinzelt implementiert, aber meistens in ihren Anteilen nicht verstanden. Die Hilfsmittel werden durchgehend nicht dem nationalen Standard entsprechend benutzt. Die Wechseldruckmatratzen sind überwiegend sichtbar falsch, meist zu hoch eingestellt."

So kann die Erkenntnis einer Ärztin aus ihrer Zeit beim Medizinischen Dienst der Krankenversicherung nicht verwundern: „Wir haben nur wenige Einrichtungen, in denen keine oder eher selten Liegegeschwüre entstehen und in denen die, die aus den vorversorgenden Einrichtungen kamen, zum Abheilen gebracht wurden." Ihr Eindruck sei, dass viele Ärzte und Pflegekräfte die Druckgeschwüre als schicksalshafte Begleiterscheinung betrachten. Der Expertenstandard zur Prophylaxe werde nicht konsequent angewendet. Die Ärztin fragt ratlos: „Warum gelingt es nicht, die kontinuierliche Verletzung der alten, hilflosen Menschen abzustellen? Warum schauen wir immer noch fort?" Der Münchner Rechtsanwalt Alexander Frey hat als Sprecher des Arbeitskreises gegen Menschenrechtsverletzungen in Heimen immer wieder Initiativen gestartet, um den Politikern klarzumachen, dass Dekubitus meist auf Versäumnisse in der Pflege zurückzuführen ist. „Ich finde es grausam und schrecklich, dass so etwas passiert, obwohl es nicht passieren müsste. Tagtäglich werden in Heimen tausendfach die Tatbestände der Körperverletzung und der Freiheitsberaubung erfüllt und die Aufsichtsbehörden schauen zu", erklärt Frey. „Das ist wirklich ein Skandal."

Offensichtlich bringen die Folgen einer schlechten Pflege so viel Geld, dass kaum jemand ein ehrliches Interesse hat, dieses System zu verändern. Professor Dr. Dr. Rolf D. Hirsch von den Rheinischen Kliniken in Bonn bringt dies auf einen einfachen Nenner: „Unterm Strich verdienen letztendlich alle an den Pflegebedürftigen."

Er ist Zahnmediziner und hat deshalb schon vielen Menschen in den Mund geschaut. Aber das Bild, das sich ihm bei Pflegebedürftigen in Pflegeheimen bot, hat den Oberarzt Professor Dr. Christoph Benz von der Poliklinik für Zahnerhaltung und Parodontologie der Ludwig-Maximilians-Universität München so erschüttert, dass er jede professorale Zurückhaltung ablegt: „Verschimmelt und verrottet" war das, was er gesehen hat. Bei 80 bis 85 Prozent von rund 600 Pflegebedürftigen, die in einem von Benz initiierten Projekt in Münchner Heimen betreut wurden, sei bei der Zahnpflege zuvor lange nichts mehr passiert: „Behandlungen finden nur in Notfällen statt und sind schwierig zu organisieren, professionelle Prophylaxe gibt es nicht mehr und die tägliche Zahnpflege ist völlig unzureichend oder unterbleibt ganz", beschreibt Benz die Erfahrungen.

Die dritte deutsche Mundgesundheitsstudie belegt, dass die Zahl älterer Menschen, die noch eigene Zähne besitzen, deutlich angestiegen ist. Rund 75 Prozent der Menschen im Alter zwischen 64 und 74 Jahren haben mindestens noch die Hälfte ihrer natürlichen Zähne, weil die Zahnpflege und Prophylaxe besser sind als früher. Wenn Menschen heute hilfs- und pflegebedürftig werden, bestehe daher „immer seltener der einfache Fall, einen totalen Zahnersatz in ein Glas Wasser stellen zu können". Vorbeugen lohne sich immer, und die Maßnahmen, die bei Jüngeren helfen, nützten genauso beim älteren Menschen. „Zahnverlust ist kein ererbtes Schicksal", betont Benz. Mit modernen Vorbeugungs- und Behandlungsmethoden gelinge es immer besser, natürliche Zähne bis ins hohe Alter zu erhalten.

Das läuft problemlos, solange die Menschen selbständig sind, selbst ihre Zähne reinigen und selbst in die Zahnarztpraxis gehen können. Doch Menschen, die wegen ihres Hilfebedarfs in Pflegestufe II oder III eingeordnet wurden, sind kaum noch in der Lage, mit der Zahnbürste zu putzen, geschweige denn mit Zahnseide umzugehen. „Mit Eintritt der Pflegebedürftigkeit kümmert sich keiner mehr um die Zähne. Eigene Zähne, teure Brücken und Implantate verrotten." Für die Betroffenen bedeutet das Schmerzen, die oft erst spät erkannt werden: „Wenn behandelt wird, dann meist nur noch mit der Zange", sagt Benz. „Ersatz ist kaum möglich, verwirrte Menschen gewöhnen sich nicht mehr daran. Kaufunktion und Lebensqualität gehen verloren." Schlechte Mundhygiene führt in letzter Konsequenz dann zu Mangelernährung und damit zur Ernährung durch eine Magensonde.

Mangelhafte Mundhygiene aber verschlechtert nicht nur die Ernährung, sondern kann zum Tod führen. „Eine saubere Mundhöhle ist der beste Schutz, um das Risiko für allgemeine Infektionen zu senken, die von den Keimen der Mundhöhle ausgehen können", erklärt der Würzburger Zahnarzt Dr. Herbert Michel, Vorstandsreferent für Prophylaxe der Bayerischen Landeszahnärztekammer. Oralstreptokokken könnten nicht nur Karies auslösen, „sondern manchmal auch relativ weit entfernte, größere und bedrohlichere Erkrankungen bis hin zu Herzklappeninfektionen". Gelangen diese Bakterien – etwa durch eine Verletzung – in die Blutbahn, können sie bei Patienten mit geschwächtem Immunsystem zu einer Blutvergiftung führen. Abszesse in Hals, Lunge und Leber können auftreten. Mundbakterien kommen sogar als Auslöser für koronare Herzerkrankungen und Lungenentzündungen in Betracht. Schlechte Zahn- und Mundpflege erhöht das Risiko, früher zu sterben. Auf diesen Zusammenhang hat die Bayerische Landeszahnärztekammer hingewiesen.

Obwohl also klar ist, welch schlimme Folgen die vernachlässigte Zahn- und Mundhygiene für die Betroffenen haben kann, kommt eine Verbesserung der Versorgung nur langsam voran. Behandlungen erfolgten meist nur in Notfällen, so Benz, denn den pflegebedürftigen Patienten zur Zahnarztpraxis zu bringen ist zu aufwändig und zu teuer oder, bei verwirrten Menschen, schwierig. Nur wenige Pflegeheime aber verfügen über einen Behandlungsraum. „Professionelle Prophylaxe gibt es nicht mehr, und die tägliche Zahnpflege ist völlig unzureichend oder unterbleibt ganz." Um die Zahn- und Mundhygiene in Pflegeheimen sei es dramatisch schlecht bestellt, „eine Katastrophe", meint auch die Münchner Zahnärztin Dr. Clara Toll. Viele alte Leute seien feinmotorisch nicht mehr so fit, dass sie die Zähne ordentlich putzten. „Drei Brücken sind nun mal nicht so leicht zu reinigen wie eine Prothese." Wegen ihrer Gebrechlichkeit kämen die Senioren aber nicht mehr zur Prophylaxe in die Praxis. Zahnbeläge werden nicht mehr entfernt, in der Folge entzündet sich das Zahnfleisch. Dann wollen sich die Betroffenen nicht einmal mehr von Pflegekräften bei der täglichen Zahnpflege helfen lassen: „Das Putzen tut da richtig weh."

Um den Menschen zu helfen, hat sie zusammen mit einem befreundeten Kollegen einen Behandlungsraum in einem Münchner Pflegeheim eingerichtet. Auch der Münchner Zahnarzt Dr. Christian Eschrich hat schon vor Jahren ein Behandlungszimmer in einem Heim eingerichtet. Doch dieses private Engagement darf nicht darüber hinwegtäuschen, dass eine angemessene Versorgung der Betroffenen noch in weiter Ferne liegt. „Es gibt viele Hinweise dafür, dass die zahnärztliche Versorgung und die Mundhygiene bei Pflegebedürftigen in Heimen sehr mangelhaft ist", bestätigt auch Robert Schurer, Direktor der AOK Bayern.

Der Hausbesuch am Pflegebett gilt als nicht gerade beliebtes Arbeitsfeld. Die mobile Ausrüstung kostet 10 000 bis 15 000 Euro, die Besuche sind zeitaufwändig und nur außerhalb der Praxiszeit möglich, aber vergleichsweise schlecht bezahlt. Obendrein sind die Arbeitsbedingungen unbefriedigend, weil Behandlungsstuhl und Absauggerät fehlen. Der Umgang mit verwirrten Patienten erfordert viel Geduld und Umsicht. „Mobil tätig zu werden, ist für einen Zahnarzt unwirtschaftlich", bekräftigt Benz.

Professionelle Prophylaxe, die etwa zwei bis drei Mal pro Jahr erforderlich sei, werde von den Kassen gar nicht bezahlt. Spezialisierte Teams könnten dies für 60 Euro pro Termin leisten, schätzt Benz. Auch das Pflegepersonal müsse regelmäßig geschult werden, um die tägliche Zahnreinigung zu verbessern. „Da muss etwas passieren", fordert Benz angesichts der schlimmen Zustände. „Denn sonst sind wir mit 75 Jahren in einer Situation, wo es besser wäre, keine Zähne mehr zu haben."

Um die Reinigung von Zahnprothesen, so einfach sie laut der Reklame auch erscheinen mag, ist es aber leider nicht viel besser bestellt. „Sehr häufig haben wir feststellen müssen, dass das Gebiss nicht gepflegt und vor allem nicht eingesetzt wird", klagen die Söhne einer alten Frau, die deshalb oft das Essen stehen lässt. Anderswo kommt es vor, dass die teure Prothese einfach im Nachtkästchen liegen bleibt, weil das Personal gar nicht mehr daran denkt, dass die alte Frau ein künstliches Gebiss hat. Dann gibt es einfach alle Nahrung püriert, als Brei. Ist die Prothese gebrochen, kümmert sich niemand darum, dass sie fachgerecht repariert wird. Besonderes Pech kann es übrigens sein, wenn zwei Prothesenträger in einem Zweibettzimmer leben: Da kann es schon mal vorkommen, dass die Prothesen vertauscht werden.

Ruhig gestellt mit Psychopharmaka, das Bettgitter hochgezogen, im Extremfall zusätzlich mit Gurten ans Bett gefesselt – so sieht der Albtraum vom Leben im Alter aus. Die Furcht ist einer 2002 von der bayerischen Landeshauptstadt München veröffentlichten Studie zufolge nicht unbegründet: Knapp 56 Prozent der rund 6000 Münchner Heimbewohner erhalten täglich Psychopharmaka, bei rund 41 Prozent wird regelmäßig das Bettgitter hochgezogen.

Obwohl bei verwirrten Menschen der Einsatz von Bettgittern – im Fachjargon spricht man von einer freiheitsentziehenden Maßnahme oder einer Fixierung – eine gerichtliche Genehmigung erfordert, fehlte sie bei mehr als der Hälfte der Betroffenen. Und nur bei 14 Prozent lag die Einwilligung des Betreuers zur Gabe von Psychopharmaka vor. Die Studie, die erstmals umfassende Daten zum Gebrauch von Bettgittern und ruhig stellenden Medikamenten lieferte, hat der Freiburger Rechtswissenschaftler Professor Dr. Thomas Klie im Auftrag des Amtes für Soziale Sicherung der Stadt München erstellt. 31 von 48 um Zusammenarbeit gebetene Münchner Pflegeheime nahmen daran teil. Ziel war, den Einsatz von Bettgittern, Bauchgurten, Vorsatztischen am Stuhl, die ein Aufstehen verhindern, und ruhig stellenden Medikamenten zu erfassen. Die Stadt und die Wohlfahrtsverbände als Heimträger hatten gemeinsam die brisante Studie ermöglicht.

Die Untersuchung zeichnet ein in der Öffentlichkeit weitgehend verdrängtes Bild vom schwierigen Alltag in den Pflegeheimen. Die Münchner Ergebnisse bewegen sich im Rahmen der wenigen Erhebungen aus einzelnen Heimen in weiteren Orten, München schneidet also keineswegs besser oder schlechter ab als andere Städte, betonte Klie. Das Bewusstsein, wie einschneidend die Fixierung für die Bewohner ist, weil diese ihnen die allerletzten verbliebenen Freiheiten nimmt, ist nach wie vor unterentwickelt – bei vielen Pflegekräften ebenso wie auch bei Angehörigen. Gerade Angehörige fordern immer wieder das Hochziehen der Bettgitter, weil sie es für einen guten Schutz gegen den Sturz aus dem Bett halten. Vielen ist unbekannt, dass es durchaus andere, weniger einschränkende Möglichkeiten gibt, um ein Sturzrisiko zu mindern: „Um eine freiheitsentziehende Maßnahme zu verhindern, kann es zum Beispiel genügen, das Bett abzusenken, eine Matratze vor das Bett zu legen oder aber das Bettgitter so anzubringen, dass die Betroffenen das Bett verlassen und sich zur Sicherheit beim Aufstehen an einem Bettgitter über die halbe Länge des Bettes festhalten können", erklärt die Leiterin des Münchner Amtes für Soziale Sicherung, Gertraud von Gaessler. Sie betont, dass bereits im Gesetzgebungsverfahren zur Reform des veralteten Vormundschaftsrechts „freiheitseinschränkende Maßnahmen in ihren vielfältigen Ausprägungsformen überwiegend als überflüssig und sogar schädlich bewertet" worden seien. Das werde am Beispiel von Demenzkranken deutlich, für die das Gehen eine spezielle Bedeutung habe: „Häufig ist dies die letzte Tätigkeit, die sie kompetent und aus eigenem Antrieb ausführen können. Eine Einschränkung ihrer Bewegungsfähigkeit wird deshalb gerade von diesen Kranken als besonders belastend erlebt", so Gertraud von Gaessler. „In den meisten Fällen erweisen sich freiheitsentziehende Maßnahmen bei einer dementengerechten Gestaltung der Umgebung und einem professionellen Umgang mit den Kranken als überflüssig."

Zwar scheinen Bettgitter, gerade wenn sie sehr niedrig sind, relativ harmlos zu sein. Aber die Wirkung auf Demente kann durch die bei ihnen häufig bereits im frühen Stadium auftretende Störungen der räumlichen Wahrnehmung ganz anders sein: „So reagieren Demenzkranke schon auf Kontaktstellen zwischen zwei Fußbodenbelägen unterschiedlicher Farbe sehr ängstlich und trauen sich nicht über weiße Streifen auf dem Fußboden zu treten", erklärt Gertraud von Gaessler.

Das Durchschnittsalter der 980 Bewohner, deren Daten Thomas Klie ausgewertet hat, liegt bei 84 Jahren. Neun von zehn Bewohnern waren in den vier Wochen vor der Erhebung im Mai 2001 mindestens ein Mal verhaltensauffällig. Mehr als zwei Drittel der Bewohner – 71 Prozent – sind mittel bis schwer verwirrt, ihre Wahrnehmung ist erheblich gestört. Mindestens 18 Prozent der Bewohner sind überhaupt nicht bewegungsfähig.

Bei vielen Bewohnern bleibt das Bettgitter praktisch rund um die Uhr hochgezogen. Etwa 30 Prozent der Schwerstpflegebedürftigen liegen täglich mehr als 20 Stunden hinter dem Gitter, ergab die Studie. Hochgerechnet auf die gesamten Münchner Pflegeheimbewohner bedeutet dies, dass täglich bei rund 2400 Heimbewohnern – knapp 41 Prozent – die Bettgitter aufgestellt werden. Etwa 200 Personen werden zusätzlich noch mit Gurten im Bett festgezurrt. 470 Personen werden täglich auf dem Stuhl mit Gurten oder Steckbrettern fixiert. Ein oder mehrere Psychopharmaka mit potenziell beruhigender Wirkung erhalten täglich fast 3300 der 6000 Heimbewohner.

Fast ausschließlich geben Pflegekräfte Fürsorglichkeit als Grund für den Griff zum Bettgitter an, etwa dass Sturzgefahr und Gehunsicherheit bestehen. Doch es geht auch anders, wie das Vorbild von Hamburg zeigt, wo die „Fixierungen" um 90 Prozent reduziert werden konnten. Offenbar werde das Hochziehen der Bettgitter als Alltagsroutine empfunden, so Klie, „die weder reflektiert noch gegenüber den Betroffenen kommentiert oder sprachlich begleitet wird". Angst vor Haftungsrisiken wegen Stürzen spielt dabei eine wichtige Rolle. So hatte die AOK Berlin die Trägerin eines Altenpflegeheims auf Schadensersatz verklagt, nachdem eine 89-jährige pflegebedürftige Frau aus dem Bett gefallen war und sich einen Oberschenkelhalsbruch zugezogen hatte. Die alte Frau war hochgradig sehbehindert, zeitweise desorientiert und verwirrt. Ihr Gang wurde als sehr unsicher eingestuft. Die AOK, die Ersatz für die Heilbehandlungskosten verlangte, wertete den Sturz als Folge einer Pflichtverletzung der

Heimträgerin. Sie habe versäumt, die sturzgefährdete Bewohnerin in ihrem Bett zu fixieren. Wenigstens hätten die Bettgitter hochgezogen werden müssen, meinte die Krankenversicherung. Würden künftig also alle gebrechlichen Menschen in den Heimen aus Haftungsgründen ans Bett gefesselt werden müssen, fragten sich viele Heimträger im Vorfeld der Entscheidung.

Im April 2005 setzte der Bundesgerichtshof (Aktenzeichen: III ZR 399/04) überzogenen Forderungen Grenzen. Selbstverständlich sind Heimträger verpflichtet, die körperliche Unversehrtheit der Bewohner zu schützen. „Diese Pflichten sind allerdings begrenzt auf die in Pflegeheimen üblichen Maßnahmen, die mit einem vernünftigen finanziellen und personellen Aufwand realisierbar sind." Der Maßstab dafür seien „das Erforderliche und das für die Heimbewohner und das Pflegepersonal Zumutbare". Dabei, so betont der Bundesgerichtshof, seien „die Würde sowie die Interessen und Bedürfnisse der Bewohner vor Beeinträchtigungen zu schützen und die Selbständigkeit, die Selbstbestimmung und Selbstverantwortung der Bewohner zu wahren und zu fördern". Ein fromme Forderung, die in der Realität leider kaum Beachtung findet. Da der ärztliche Gutachter, der von der Krankenversicherung nach dem letzten Sturz der Bewohnerin vor drei Jahren eingeschaltet worden war, keine Sicherung beim Liegen im Bett angeregt hatte, müsse auch das Heim bei unveränderter Situation nicht aktiv werden. Der Bundesgerichtshof gestand der AOK somit keinen Schadensersatzanspruch zu. Das Urteil ist zwar zu begrüßen, weil es nicht der Tendenz Vorschub leistet, alte Leute „sicherheitshalber" ans Bett zu fesseln; zugleich aber lässt es den Eindruck entstehen, Stürze seien in jedem Fall als schicksalhaft hinzunehmen.

Doch es gibt eben nicht nur die Alternativen Fixierung oder Sturz. Bei einem Fachtag unter dem Motto „Humane Pflege im Heim – Wege zu weniger freiheitsentziehenden Maßnahmen" im Münchner Rathaus ist dies exemplarisch dargestellt worden. Professor Dr. Dr. Rolf D. Hirsch, Chefarzt der Alterspsychiatrie der Rheinischen Kliniken in Bonn und einer der Referenten, machte in einem Interview mit der Süddeutschen Zeitung deutlich, dass viele Menschen hinter Gittern eingesperrt oder sogar gefesselt im Bett liegen. Für ihn jedenfalls kommen die Fixierungszahlen aus der Münchner Studie keineswegs überraschend: „Das Ergebnis fällt viel niedriger aus, als es der Realität in den meisten deutschen Pflegeheimen entsprechen dürfte. Das liegt mit an der Methode der Erhebung, die auf der eigenen Auskunft des Heimpersonals über die Anwendung von Bettgittern beruht. In Altenpflegeheimen ist es üblich, dass der größte Teil der Bewohner in der Nacht das Bettgitter oben hat. Allerdings kann dies für einzelne Bewohner auch sinnvoll sein." Als Ursache dafür, dass Hochrechnungen aus einer Stichtagserhebung zufolge tagtäglich rund 400 000 Menschen fixiert werden, sieht Hirsch die in diesem Bereich herrschende Gedanken- und Verantwortungslosigkeit. Die Pflegebedürftigen hätten keine Lobby. „Diese Menschen sind alt und werden abgeschrieben." Außerdem habe sich in den letzten zwanzig Jahren die Situation stark verändert: „Die Pflegeheime heute sind Altenkliniken mit schwerst psychisch und körperlich kranken Menschen, mit einer darauf nicht eingestellten Pflege und einer medizinischen Minimalversorgung. Überwiegend ist es so, dass nicht einmal ein Gerontopsychiater in die Heime geht. Man meint, Menschen müssten Bettgitter haben, weil sie unruhig sind, herausfallen oder stürzen könnten."

Was dagegen das Bettgitter aus der Sicht der Betroffenen bedeutet, können sich viele, die es ja nur gut meinen wollen mit den Betroffenen, nicht vorstellen. Hirsch schildert eindringlich die Auswirkungen: „Ein Teil der Menschen erlebt das Bettgitter als Gefängnis und hat panische Ängste vor diesem Gitter." Hirsch regt zum Selbstexperiment an: „Legen Sie sich doch mal hin, blicken nach links, denn auf der rechten Seite ist die Wand: Sie sehen die Gitter. Gitter bedeuten Gefängnis, das macht einen hilflos, wütend, aggressiv – manche Menschen werden erst dadurch unruhig und zusätzlich dann mit Gurten fixiert." Allerdings gebe es auch einzelne Pflegebedürftige, die ihren Willen noch äußern können und sich durch den Einsatz eines Bettgitters sicherer fühlen, weil sie dann nicht befürchten müssen, herauszufallen. Hirsch betont außerdem: „Es kommt natürlich auch darauf an, was für ein Gitter es ist. Es gibt die einfachen, allerdings weit verbreiteten Metallgitter, die halte ich für menschenunwürdig, auch wegen der Verletzungsgefahr. Gepolsterte Flächen sind da schon besser, und oft genügen auch Gitter über die halbe Länge des Bettes."

Doch die sind zum Beispiel in München noch nicht verbreitet. 2005 hat der Münchner Stadtrat an die Heimträger appelliert, davon Gebrauch zu machen. Bei ihnen gibt es wenig Neigung dazu: Denn dazu braucht es neue Betten, die aus dem Investitionskostenanteil des Pflegesatzes finanziert werden müssten. Betten haben jedoch eine sehr lange Lebensdauer, neue Betten sind deshalb nicht zwingend erforderlich – das Geld sparen sich Träger lieber, um dann zwingend nötige Sanierungen finanzieren zu können. Aber es gibt auch preiswertere Alternativen, die ebenso zögerlich in den Heimalltag Einzug halten: So hat etwa die gemeinnützige Münchenstift-GmbH „Pflegenester" für Bewohner geschaffen: eine nur auf den ersten Blick sehr ungewöhnliche Lösung, weil die Matratze einfach auf den Boden gelegt wird. Zur Seite hin kann eine weiche, dicke Schaumstoffschlange die Bewohner gegen das Herunterrollen von der Matratze sichern. Nicht alle verwirrten Bewohner, die sonst hinter einem Bettgitter liegen würden, akzeptierten die neue Lösung – doch jene, die damit zurechtkamen, wurden deutlich ruhiger. „Inzwischen sind alle stolz, dass es funktioniert", berichtete die Hausleiterin. Auch die Angehörigen hätten sehr positiv reagiert. Dem Pflegepersonal, das anfänglich Vorbehalte hatte, half eine Fortbildung, rückenschonende Techniken bei der Arbeit am Boden zu erlernen. Doch bei vielen Heimen besteht an solch individuell angepassten Lösungen für Bewohner kein Interesse, weil darin nur ein Hindernis im Betriebsablauf gesehen wird.

Hirsch räumt auch mit dem Glauben auf, Bettgitter dienten der Sicherheit der Bewohner: „Alle Studien kommen zu der Grundaussage, dass der Einsatz von Bettgittern die Sturzhäufigkeit nicht verringert. Während der Fixierung kann der Mensch zwar nicht stürzen, aber irgendwann muss man ja wieder aufmachen. Und da stürzt der Mensch viel häufiger, weil er immobil wird, mit der Atmung, dem Essen, dem Stuhlgang und dem Wasserlassen Schwierigkeiten bekommt. Das ist die Folge davon, dass einer fixiert im Bett ist." Immer wieder klemmen sich Bewohner mit einem Bein in den Bettgittern fest oder verletzten sich bei dem Versuch, das Bettgitter zu überwinden. Meist werden sie dann zusätzlich mit Gurten festgeschnallt. Als Folge davon ereignen sich tödliche Unfälle, wie die Recherchen der Münchner Beschwerdestellen-Leiterin Kornelie Rahnema ergaben: „Nach Auskunft des Instituts für Rechtsmedizin der Universität München ist es in München in den letzten Jahren immer wieder zu Todesfällen aufgrund falsch angebrachter Fixierungsmaßnahmen gekommen." Wenn die Gurte nicht richtig sitzen, besteht die Gefahr, dass sich die Betroffenen strangulieren.

Die Tochter einer unter Alzheimer leidenden Frau, welche Anfang 2000 nach einem Armbruch von der Klinik ins Pflegeheim verlegt wurde, berichtet, wie fachliches Versagen in ein tragisches Geschehen münden kann: Bereits in der ersten Nacht im Pflegeheim sei die Mutter drei Mal aus dem Bett gefallen. In der zweiten Nacht fiel sie erneut aus dem Bett und zog sich schwere Blutergüsse im Gesicht zu. „Daraufhin hat man eine zweite Matratze neben das sehr hohe Bett meiner Mutter gelegt, damit sie nicht so hart fällt. Mein Bruder und ich fragten, ob es nicht möglich sei, ein Bett zu beschaffen, das nicht so hoch ist. Man sagte uns, sie hätten keines, so etwas gibt es bei ihnen nicht." Dann sei das Wort Fixierung gefallen. Mit Einwilligung der Geschwister – sie hatten inzwischen die Betreuung beim Vormundschaftsgericht beantragt – wird die Mutter fixiert. „Mein Bruder und ich stellten bereits nach kurzer Zeit fest, dass dieser Gurt für die Nacht nicht geeignet war, weil er immer nach oben rutschte." Der Bruder sprach mit dem Pflegepersonal und der Stationsleitung, die dann eingesehen hätten, dass ein anderer Gurt beschafft werden müsse. Der Bruder brachte Unterlagen dazu aus einem Orthopädie-Fachgeschäft mit. Das Personal habe versichert, sich darum zu kümmern. „Wir boten dem Pflegeheim außerdem an, den Gurt selber zu bezahlen, was sie ablehnten." Zwei Wochen später hätten die Pflegekräfte ihren Bruder aufgefordert, sich nun doch selbst um den Gurt zu kümmern, sie hätten es vergessen und auch keine Zeit dazu gehabt. Am Morgen danach rief die Notärztin an: Die Mutter sei tot, sie habe sich mit dem Gurt stranguliert.

Weil Fälle wie dieser immer wieder vorkommen, hat das Bundesinstitut für Arzneimittel und Medizinprodukte 30 Fälle, die sich zwischen Januar 1999 und Januar 2004 ereignet haben, ausgewertet. Dabei zeigte sich, dass die Gurte meist nicht korrekt angewendet wurden, aber auch konstruktive Änderungen nötig sind, um tödliche Unfälle zu verhindern. Das Institut für Pflegewissenschaften der Universität Witten/Herdecke hielt dem in seiner Stellungnahme das Ergebnis einer amerikanischen Untersuchung entgegen: „Die Zahl der ernsthaften Verletzungen in Heimen, die bewegungseinschränkende Maßnahmen befürworten, sind höher als in solchen, die alternative Methoden zur Sturzprophylaxe anwenden."

Die Pflegewissenschaftler aber geben außerdem zu bedenken, es sei immer möglich, „dass der Patient sich gegen die Fixierung wehrt und möglicherweise versucht, über das Bettgitter zu klettern, oder sich aus den Gurten zu winden sucht". Das erhebliche Verletzungsrisiko könne nur dadurch gemindert werden, dass die gesicherte Person unter ständige Beobachtung gestellt werde. Denn ein geistig verwirrter Mensch, der Harndrang verspüre, werde trotz des Hindernisses durch die Fixierung alles versuchen, „um auf die Toilette zu kommen". Das Fixieren erwecke den Anschein, „dass der jetzt schon defizitäre Betreuungsbedarf im Altenpflegebereich durch eine scheinbare technische

Sicherheit zu lösen wäre". Doch für alte, pflegebedürftige Menschen habe die Fixierung „mehr negative Folgen als positiven Nutzen". So drohten Druckgeschwüre, Verlust von Muskelkraft, Gleichgewichts- und Koordinationsprobleme: „Es entsteht quasi ein Immobilitätskreislauf, der Sturzrisiken zusätzlich erhöht, anstatt sie zu senken." Das Bundesinstitut für Arzneimittel und Medizinprodukte betonte daraufhin, dass seine Empfehlungen zum technischen Umgang mit Fixierungsmitteln nicht als „Aufruf zur Fixierung" verstanden werden dürften.

Hirsch sieht gute Chancen, dem Sturzrisiko anderweitig zu begegnen: „Es gibt Betten, die sich hydraulisch so nach unten absenken lassen, dass der alte Mensch gar nicht rausfallen kann. Außerdem könnte das Licht automatisch angehen, wenn sich der Bewohner bewegt." Ohnehin seien die Räume oft nicht ausreichend hell. „Mit zunehmendem Lebensalter nehmen die Sehschärfe und das Helligkeitsempfinden ab, ich brauche also hellere Räume. Es gibt rutschfeste Böden, die in den Altenpflegeheimen kaum vorhanden sind. Stopper-Socken verhindern das Ausrutschen und helfen, nebenbei, gegen kalte Füße im Bett." Zur Sturzprophylaxe sei es aber auch nötig, die Mobilität kontinuierlich mit dem Einzelnen zu üben. Das erhöhe die Trittsicherheit. „Dann gibt es noch Hüftprotektoren, die in der Unterhose eingenäht sind und den Oberschenkelhals schützen", betont Hirsch. Dadurch lässt sich die Bruchgefahr deutlich verringern.

Die geringe Verbreitung dieser Alternative führt Hirsch darauf zurück, dass sich niemand dafür zuständig fühlt. „Die Tragik dabei ist, dass die Krankenkassen zum Beispiel die Hüftprotektoren nicht zahlen, weil diese nicht als Hilfsmittel medizinisch anerkannt sind. Aber wenn die Menschen hinfallen, übernehmen die Kassen die Kosten der Behandlung einer Hüftfraktur, die in keinem Verhältnis zu den Kosten für Protektoren stehen. Allerdings versuchen sie, die Schuld auf das Pflegepersonal abzuwälzen." Immer häufiger lassen die Kassen prüfen, ob das Heim bei Verletzungen nicht haften muss. Doch die Sturz-prophylaxe mit Unterwäsche, die wie im Motorradsport vor Knochenbrüchen schützt, und mit einem altersgemäßen Muskeltraining, das die Gehsicherheit verbessern kann, wird nicht bezahlt. Hirsch zieht deshalb ein bitteres Fazit: „Es ist doch grotesk: In einer Kinderklinik sind Gitterstäbe schon fast verpönt, bei den Alten ist es egal."

Wie erschreckend wenig Bewusstsein bei dem Pflegepersonal für die Auswirkungen auf die Betroffenen besteht, hat ein Mitarbeiter einer Heimaufsichtsbehörde bei einem Besuch auf der beschützenden Abteilung eines Pflegeheims erlebt. Er berichtet von einer Frau, die nur noch mit Hilfe eines Gehwagens laufen kann. Laut der Pflegedokumentation wird sie täglich von 19 bis 8 Uhr im Bett fixiert. Tatsächlich wird sie auch noch tagsüber von 8.30 bis 19 Uhr mit dem Gurt im Stuhl festgebunden. Das Fixieren, gerichtlich genehmigt, erfolge auf Wunsch der Angehörigen, wegen der Sturzgefährdung, erklären die Pflegekräfte. Die Frau sei ja nicht rund um die Uhr fixiert, schließlich gebe es Toilettengänge und ein Gehtraining. Ein weiterer Bewohner, vom Hausarzt widersprüchlich als „immobil und weglaufgefährdet" eingestuft, wird 24 Stunden im Bett festgezurrt, ebenfalls gerichtlich genehmigt. „Alte Probleme" auf dieser Station. Der Heimaufsichts-Mitarbeiter führt einen aussichtslosen Kampf gegen die mangelnde Einsicht und die vorherrschende Gleichgültigkeit: „Ich werde eine Weiterbildung in Bezug auf freiheitsentziehende Maßnahmen anordnen."

Eindringlich macht Klie klar, dass der Einsatz von Bettgittern in hohem Maße Routine sei. Die durchgehenden Seitengitter würden „wohl schon fast als ästhetisch" empfunden, sagt er sarkastisch. „Dabei wissen wir aus vielen Untersuchungen, wie hoch belastend Bettgitter für die Betroffenen sind." Die „fürsorgliche Grundhaltung" – die Absicht, Stürze zu verhindern – müsse sich deshalb künftig anders ausdrücken als durch Bettgitter. Angesichts von rund 400 000 Menschen in der Bundesrepublik, die täglich von Fixierung betroffen sind, empfiehlt

Klie Trainingsprogramme zur Sturzprophylaxe, absenkbare Betten und geteilte Bettgitter, die das Aufstehen ermöglichen, aber das Herausfallen verhindern. Bei einem Modellversuch in Ulm ließ sich innerhalb von zweieinhalb Jahren die Zahl der Stürze von Pflegeheimbewohnern um 40 Prozent senken, die Zahl der Knochenbrüche um 30 Prozent. Zweimal pro Woche nahmen die Bewohner an einem altersgemäßen Kraft- und Gleichgewichtstraining teil und trugen Unterhosen mit Hüftprotektoren aus Kunststoff. Außerdem wurde die Beleuchtung verbessert. Inzwischen ist auch ein Expertenstandard „Sturzprophylaxe in der Pflege" festgeschrieben worden.

„Rund 30 Prozent der über 65-Jährigen stürzen während eines Jahres mindestens ein Mal, meist mit schlimmen Folgen", erklärt Heiko Fillibeck, Referent für Pflegepraxis im Kuratorium Deutsche Altershilfe (KDA). Er gehörte als wissenschaftlicher Mitarbeiter der Expertengruppe an, die den Standard erarbeitet hat. Stürze laufen nach einem einfachen Prinzip ab: Ausgelöst durch Stolpern, Ausrutschen oder Schwindelanfälle komme es zu einem Balanceverlust, der nicht mehr ausgeglichen werden kann. Unbehandelte Sehstörungen, fehlende Kraft, ein schlecht ausgeprägtes Gleichgewichtsgefühl, aber auch Medikamentennebenwirkungen erhöhen das Sturzrisiko. Wer es minimieren will, muss solche Faktoren möglichst beseitigen. So bringt es nichts, sturzgefährdete Menschen aufzufordern, lieber sitzen zu bleiben. Denn „der besorgte Rat erreicht genau das Gegenteil", so Fillibeck. „Die betroffenen Personen verlieren immer mehr Kraft und Balancegefühl, ein Sturz wird immer wahrscheinlicher. Leicht durchführbare Übungen können dagegen helfen, eine sichere Bewegung der Betroffenen zu fördern." Für sinnvoll hält das KDA das Anlegen von Hüftschutzhosen. Doch die Kosten dafür – Beträge zwischen 40 und 90 Euro – übernähmen die Krankenkassen nur in Ausnahmefällen, kritisiert das KDA. Die Behandlungskosten für einen Oberschenkelhalsbuch können sich dagegen auf 15 000 Euro und mehr summieren. Die Schweizerische Beratungsstelle für Unfallverhütung hat dazu bereits im Jahr 2000 eine interessante Rechnung veröffentlicht. Sie stützt sich auf eine Untersuchung in der Schweiz aus dem Jahr 1998, wonach sich rund 40 Prozent der Schenkelhalsfrakturen von Alten- und Pflegeheimbewohnern vermeiden ließen, wenn die Bewohner einen Hüftschutz trügen. In der Schweiz wären so 580 Schenkelhalsfrakturen jährlich zu verhindern. Angesichts direkter Kosten pro Fall in Höhe von 63 000 Schweizer Franken summiere sich das auf eine Ersparnis in Höhe von 37 Millionen Franken insgesamt. Da dem nur Kosten in Höhe von 3,3 Millionen Franken für die Hüftprotektoren gegenüberstünden, gelte also: Mit einem Franken Präventionseinsatz seien 11 Franken Kosteneinsparung zu erreichen. Doch für eine solche Erkenntnis interessieren sich die deutschen Krankenkassen kaum. Dabei, so geben die Schweizer Forscher zu bedenken, sei die Prävention nicht nur aus gesundheitsökonomischen Überlegungen wichtig, sondern „mehr noch aus ethischen": So könne auf „freiheitseinschränkende und oft mit der Menschenwürde schwer zu vereinbarende Maßnahmen wie zum Beispiel Anbinden verzichtet werden".

Experten gehen von jährlich etwa 130 000 Schenkelhalsfrakturen in Deutschland aus. Das Risiko steigt mit jedem Lebensjahrzehnt über 65 Jahre, wie die Deutsche Liga der Bone and Joint Decade betont. Von den Betroffenen sterben jährlich etwa 30 000 Patienten in den ersten sechs Monaten nach einer Oberschenkelhalsfraktur. Weitere 30 000 Menschen werden dauerhaft pflegebedürftig, so Dr. Karsten E. Dreinhöfer von der nationalen Dachorganisation für alle mit Erkrankungen und Verletzungen der Bewegungsorgane befassten Organisationen. „In den westlichen Ländern kommen mehr Menschen an den Folgen einer Schenkelhalsfraktur zu Tode als an Magen- und Pankreaskarzinomen." Doch die Einführung der Sturzprophylaxe in den Heimen kommt über einzelne Modellprojekte nicht hinaus, obwohl diese immer wieder belegen, dass dadurch die Zahl der Knochenbrüche auf etwa die Hälfte reduziert werden kann.

Immerhin hat inzwischen eine Krankenkasse eine Vorreiterrolle übernommen: Die Hamburg Münchener Krankenkasse bezahlt als erste gesetzliche Krankenversicherung den Hüftschutz. Im ZDF-Magazin WISO erklärte Ingrid Tronschel, wie sich das für die Kasse rentiert: „Wir haben als Kasse die Erfahrung gemacht, dass wir nach Erstattung der Protektoren im Jahr 2003 rund 2,7 Millionen Euro an Folgekosten eingespart haben. Das sind 13 Prozent der Kosten, die wir sonst für Hüftoperationen ausgeben müssten." WISO lässt dazu auch den Gesundheitsökonomen Professor Karl Lauterbach zu Wort kommen: „Wenn man Hüftprotektoren bei einer ausgewählten Zielgruppe sturzgefährdeter älterer Menschen einsetzen würde, könnte man im Jahr 200 bis 300 Millionen Euro einsparen. Und das ist eine eher konservative Schätzung."

Auch der massive Einsatz von Psychopharmaka in Pflegeheimen kann das Sturzrisiko erhöhen. Er stößt bei Fachleuten wie Hirsch ohnehin auf Vorbehalte: „Pille statt Beziehung ist viel zu oft üblich oder auch Fixieren statt Spazierengehen. In den Heimen wird zum Teil bei der gleichen Schwere einer Erkrankung mehr an Medikamenten gegeben." Der Psychopharmakagebrauch bei Pflegeheimbewohnern liege um ein Vielfaches höher als bei alten Menschen in Privathaushalten. „Psychopharmaka helfen dem Kranken, vereinfacht ausgedrückt, mit sich und seiner Umwelt besser umgehen zu können." Doch in der Praxis würden Psychopharmaka in den Heimen „in zu hoher Dosierung, in ungünstiger Auswahl, gefährlicher Kombination und für zu lange Zeiträume eingesetzt". Bei jemandem, der ständig in einem Zimmer sitzt, wenig Ablenkung, Ausgang und Bewegung hat, bei dem sei doch logisch, dass er „die Reize selber produziert". Die werden ihm „dann mit Medikamenten ausgetrieben", sagt Hirsch. Die meisten Verordnungen stammen nicht von den Fachärzten, den Psychiatern, sondern von Hausärzten: „Leider haben viele Ärzte, die diese Medikamente verschreiben, wenig Ahnung von deren Auswirkungen. Viele alte Menschen bekommen sechs, acht oder neun verschiedene Medikamente – die Wechselwirkungen sind dabei völlig unbekannt. Bei zwei bis drei Medikamenten kann man es noch erfassen, aber darüber hinaus hat man keine Ahnung davon. Ich erlebe immer wieder, dass Herz-Kreislauf-Medikamente gegeben werden und davon ein Bewohner unruhig wird. Dann bekommt er Psychopharmaka, damit er ruhig wird, aber er wird noch unruhiger. Das hilft ihm nichts. Es ist ein Unfug, der hier passiert."

Oft fehlt es auch an der regelmäßigen Überprüfung der Therapie und ihres Erfolges: „Manche Menschen bekommen jahrelang dieselben Medikamente in unveränderter Dosis, ohne dass überprüft wird, ob sie das wirklich noch brauchen. Niemand schaut, ob die Dosierung stimmt. Ich halte es für kriminell, dass in unseren Heimen nicht kontinuierlich ein Facharzt vor Ort kommt. Wo schwer psychisch kranke Menschen zusammenleben, kann man doch nicht nur den Hausarzt alleine dort wirken lassen. Mir fehlen die Ärzte vor Ort, die Verantwortung tragen", beschreibt Hirsch das bisher ungelöste Problem.

Dr. Jan Wojnar, Leiter des Psychiatrischen Dienstes im Landesbetrieb Pflegen und Wohnen in Hamburg, hält eine bessere Aufklärung über die Wirkung der Substanzen, die Nebenwirkungen der Therapie sowie über den Wirkungsbeginn und die Wirkungsdauer für notwendig: „Nicht selten wird zum Beispiel eine fast sofortige sedierende Wirkung der Medikamente bei Unruhezuständen erwartet und bereits nach ‚unendlich langen zehn Minuten' ohne eine erkennbare Veränderung des Zustandes eine weitere Dosis – ‚Bedarf' – verabreicht." Wojnar betont, „die Behandlung mit Psychopharmaka ‚aus organisatorischen Gründen' (zum Beispiel Personalmangel) ist genauso unzulässig wie eine Sedierung des Kranken, ‚damit er andere nicht stört'. Nach einer kurzfristigen Entlastung des Personals und der Umgebung führen die Nebenwirkungen solcher ‚Therapie' mittelfristig eher zu einer zusätzlichen Belastung aller Beteiligten, zum Beispiel durch häufige Stürze, Bettlägerigkeit, dysphorische Verstimmung, Störungen bei der Nahrungsaufnahme und Ähnliches." Wojnar stellt klar: „In einer milieutherapeutisch ausgerichteten Umgebung und bei einer guten Zusammenarbeit aller Beteiligten können etwa zwei Drittel aller schwer verhaltensgestörten Demenzkranken ohne Psychopharmaka betreut werden."

Zumindest jedoch müsste für Menschen, die kaum mehr das Bett verlassen können, mehr getan werden, als sie nur die weiße Decke und die weißen Wände anstarren zu lassen. In manchen Heimen wird schon versucht, die Decke jahreszeitlich passend oder an den Hobbys und Interessen des jeweiligen Heimbewohners orientiert zu dekorieren, um dem beschränkten Gesichtsfeld Impulse zu geben. Da bei etwa einem Drittel der Bewohner mit Bettgitter dieses mehr als 20 Stunden am Tag hochgezogen bleibt, fordert Klie aufgrund der psychischen Belastung der Betroffenen auch Betreuungsangebote nach dem Vorbild der Hospizbewegung. Der Münchner Sozialreferent Friedrich Graffe verweist dabei immer wieder darauf, dass eine zufrieden stellende Versorgung und Betreuung von Pflegebedürftigen nicht mit minimaler personeller Besetzung erreicht werden könne. Doch die für das Befinden der in ihrem Lebensradius auf das Bett beschränkten Bewohner so wichtige psychosoziale Betreuung leistet die Pflegeversicherung nicht. Graffe setzt deshalb auf die Unterstützung durch ehrenamtliches Engagement in der Begleitung schwerstkranker und sterbender alter Menschen.

Denn selbst wenn Psychopharmaka oder hochgezogene Bettgitter gerichtlich genehmigt wären – was oft nicht der Fall ist –, spielte das von der Wirkung her keine Rolle: „Für die Betroffenen ist es letztlich zweitrangig, ob sie hinter genehmigten oder nicht genehmigten Bettgittern liegen", sagt Gertraud von Gaessler, Leiterin des Münchner Amtes für Soziale Sicherung. Denn niemand will so leben: aufbewahrt zwischen unüberwindbaren Bettgittern bis zum Sterben. Psychopharmaka statt psychosozialer Betreuung, weil das Medikament von der Kasse bezahlt wird, Zuwendung dagegen nicht. Das Personal – Helfer und Zivildienstleistende eingerechnet – kann sich an einem langen Tag zusammengerechnet nur zwei Stunden um einen Pflege-bedürftigen kümmern.

In München brachten Stadt und Heimträger den Mut auf zu einer Situationsanalyse, die anderswo allein aus Imagegründen nicht gefragt ist. Die Erhebung erfolgte in enger Zusammen-arbeit mit den Heimträgern. Deshalb lassen sich die Ergebnisse auch nicht als abstruses Horrorgemälde oder etwa als „Münch-ner Besonderheit" abtun. Sie sind – nicht mehr und nicht weni-ger – ungeschöntes Spiegelbild dafür, wie die Gesellschaft mit ihren ältesten Menschen umgeht. Wer diese Menschen nicht den Sterbehelfern in die Arme treiben will, muss alles versuchen, da-mit die schon durch Krankheit schwer beeinträchtigte Lebens-qualität nicht weiter sinkt, indem Pflegebedürftigen der letz-te Rest an Bewegungsfreiheit und Menschenwürde genommen wird.

In der Bevölkerung ist die Haltung weit verbreitet, man müsse alte, verwirrte Leute zu ihrer Sicherheit wegsperren. So hat etwa der Münchner Stadträtin Elisabeth Schosser eine Heim-leiterin 1996 berichtet: „Wir sperren abends die Zimmer ab und geben Valium" – weil sich sonst Nachbarn beschwerten. Beispiele für ein solches Vorgehen gibt es auch fast zehn Jahre später immer noch. Eine Pflegekraft aus dem Heim eines christ-lichen Trägers berichtet, dass dort kaum Bewohner fixiert wür-den: „Bei uns werden die Bewohner einfach nicht mehr mobi-lisiert. Fast jeder bekommt Psychopharmaka." Wer weiß, wie schnell gerade im Alter der Muskelabbau erfolgt, der weiß um die Wirksamkeit der Methode. Schon nach einer Woche im Bett können viele alte gebrechliche Menschen kaum mehr laufen. Medikamente sorgen für Ruhe in den Betten.

Gute Pflege, die darauf setzt, alte Menschen aus dem Bett zu bringen, und die, flankiert durch Krankengymnastik und Ergotherapie, möglichst viele Fähigkeiten wiederherstellt, zahlt sich für ambulante Dienste wie für Pflegeheime nicht aus. Die Konsequenzen einer engagierten, fachlich qualifizierten und dem Berufsethos entsprechenden Tätigkeit können in wirtschaftlicher Hinsicht ziemlich negativ ausfallen: Rehabilitation und Prävention sind zwar eigentlich gesetzlich vorgeschrieben und gehören zum Kern der Pflegeversicherung. In der Praxis aber bedeutet dies, dass die in Teilbereichen wiedererlangte Selbständigkeit mit einer niedrigeren Pflegestufe vergolten wird. Der ambulante Dienst oder das Heim erhalten dadurch also von der Pflegekasse weniger Geld für ihre Pflege. Viele Pflegekräfte empfinden das als Strafe für ihren außerordentlichen Einsatz. Gute, engagierte Pflege kann viele Menschen vor einem weiteren Verlust an Selbständigkeit bewahren. Der Einsatz aber wird nicht belohnt, einen finanziellen Anreiz gibt es nicht.

Eine Pflegekraft schildert ein Beispiel. So sei es gelungen, eine verwirrte Bewohnerin, der die Pflegekräfte das Essen eingeben müssen, wieder selbst zum Essen zu bewegen. Ein hübsch gedeckter Frühstückstisch in einem hellen Raum eines Neubaus bewirkte wohl diese Veränderung. Das eigenständige Essen dauerte zwar lange, aber es klappte. „Nun sind wir Pflegekräfte in der schwierigen Situation zu entscheiden, dokumentieren wir diesen Fortschritt. Wir haben uns entschieden, es zu unterlassen, denn wir laufen Gefahr, uns selbst zu schaden", berichtet die Pflegekraft. Bei der nächsten Begutachtung durch den Medizinischen Dienst der Krankenversicherung drohe die Rückstufung von Pflegestufe III in Pflegestufe II. „Dabei wird völlig übersehen, dass ein dementer Bewohner mit Pflegestufe I oft mehr an Zeitaufwand benötigt als zum Beispiel bettlägerige Bewohner mit

Pflegestufe III, welche ja beim Essen nicht ständig aufstehen, weglaufen." Der treffende Kommentar der Pflegekraft: „Absurd, aber Wirklichkeit."

Die Leiterin der Altenpflegeschule München, der Hans-Weinberger-Akademie, Ute Müller, hat deshalb schon vor acht Jahren auf die Auswirkungen einer Rückstufung hingewiesen, etwa wenn es nach Wochen intensiven Übens gelungen ist, dass sich ein Bewohner weitgehend selbständig wäscht: „Das bedeutet weniger Geld aus der Pflegekasse und somit weniger Pflegeleistungen. In kurzer Zeit wird die Selbständigkeit abnehmen, denn der Bewohner braucht die ständige Motivation und Anleitung durch die Pflegekraft." Die Einstufungskriterien des Medizinischen Dienstes müssten dringend verbessert werden. „In der Pflegesprache müssten wir sonst folgende Schlussfolgerungen ziehen: Wir pflegen ‚in das Bett', denn das wird finanziell belohnt. Begriffe wie aktivierende, rehabilitative Pflege gehören der Vergangenheit an, denn das führt letztlich nur zum Stellenabbau. Ist keine aktivierende, förderliche Pflege mehr gefragt, sind auch weniger Fachkräfte notwendig." Wichtig sei dann nur noch, wie schnell „gewaschen, gefüttert und gewindelt" werden kann.

Das Robert Koch-Institut bekräftigt in seiner Reihe „Gesundheitsberichterstattung des Bundes" mit dem Heft zur „Gesundheit im Alter" den oft unterschätzten Stellenwert der Rehabilitation im Alter. Die Überwindung oder Linderung funktioneller Einbußen sei das „zentrale Ziel der geriatrischen Rehabilitation, wobei festgestellt werden kann, dass bei vielen älteren Menschen ein Rehabilitationspotential gegeben ist, das die Einleitung einer Rehabilitation rechtfertigt". Das Veränderungspotential im Alter werde „vielfach unterschätzt, vorhandene Rehabilitationspotentiale werden noch nicht ausreichend genutzt".

Noch immer fehlt es an angemessenen Angeboten zur ambulanten und stationären Rehabilitation. Alte Menschen landen deshalb zum Beispiel nach einer Oberschenkelhalsfraktur und der Versorgung im Krankenhaus schnell in einem Pflegeheim, wenn sich nicht Betreuer oder Angehörige intensiv um eine Rehabilitation bemühen. Auch die 2005 veröffentlichten Ergebnisse der vom Bundesministerium für Familie, Senioren, Frauen und Jugend in Auftrag gegebenen Studie zu „Möglichkeiten und Grenzen selbständiger Lebensführung in Privataushalten" bestätigen dies: „Zielgerichtete Maßnahmen einer Rehabilitation sind nur bei einer kleinen Minderheit von Pflegebedürftigen identifizierbar." Die bayerische Sozialministerin Christa Stewens fordert: „Der Grundsatz ‚Rehabilitation vor Pflege‘ muss an oberster Stelle stehen, denn jeder Pflegefall, der verhindert werden kann, ist besser als die beste Pflege."

Nicht nur die Rehabilitation müsse gestärkt werden, sondern auch die Prävention, meinen deshalb Experten. Die gesetzliche Krankenversicherung werde nicht ohne eine grundlegende Reform auskommen, wenn die gesundheitliche Versorgung älterer Menschen nicht aufs Spiel gesetzt werden solle. „Bereits heute entfallen 43 Prozent der Gesamtausgaben der gesetzlichen Krankenversicherung auf die älteren Menschen ab 65 Jahren", hat Professor Andreas Kruse von der Universität Heidelberg festgestellt, der wissenschaftliche Leiter einer von der Bertelsmann Stiftung eingesetzten Expertenkommission. Während die durchschnittlichen medizinischen Gesundheitsausgaben pro Jahr in der Gruppe der 40-Jährigen derzeit noch bei 2200 Euro lägen, stiegen sie bei den 60-Jährigen auf 3850 Euro und in der Gruppe der 80-Jährigen sogar auf 6800 Euro an. Die Kommission forderte deshalb, die Anstrengungen in der Gesundheitsförderung und der Prävention erheblich zu verstärken. Dadurch ließen sich viele Erkrankungen im hohen Lebensalter vermeiden oder in ihrem Verlauf positiv beeinflussen. Dazu müsse jedoch der mit sieben Prozent geringe Anteil für Prävention an den Gesamtausgaben für die Gesundheit unbedingt erhöht werden, forderte die Kommission, die sich mit „Zielen in der Altenpolitik" beschäftigt. Erfolge dies nicht, würden vor allem die ausgabenintensiven Erkrankungen stark zunehmen: Ohne Prävention steige der Versorgungsbedarf bis 2020 bei Herz-Kreislauf-Erkrankungen um 44 Prozent, bei gefäßbedingter Demenz um 74 Prozent und beim Oberschenkelhalsbruch um 63 Prozent. Als wirksam hätten sich bei älteren Menschen Kraft-, Ausdauer- und Bewegungstraining sowie eine ausgewogene Ernährung erwiesen. Wissenschaftliche Untersuchungen belegten, dass sich die körperliche Flexibilität auch im Alter noch um etwa 60 Prozent steigern lasse. Besser müsse auch die Pflege werden, die bislang den präventiven Aspekt kaum beachte und sich meist nur auf die Grundpflege beschränke.

Auf schlimme pflegerische Missstände weist ein Rundschreiben des Bayerischen Sozialministeriums hin, das im September 2003 an alle sieben bayerischen Bezirksregierungen ging. In der Betreffzeile des Briefes steht: „Vorsichtsmaßnahmen zum Schutz der Heimbewohnerinnen und Heimbewohner vor Verbrühungen beim Baden und Duschen." Kann das wirklich wahr sein, dass es eines expliziten Hinweises auf derart Selbstverständliches bedarf? Es ist wohl leider so. Da wurde in einer Behinderteneinrichtung ein Querschnittgelähmter mit dem Lifter in extrem heißes Badewasser gesetzt, weil ein Zivildienstleistender vergessen hatte, neben dem Warmwasser- auch den Kaltwasserhahn aufzudrehen. Wegen der Lähmung bemerkte der Behinderte dies zunächst nicht und erlitt Verbrühungen zweiten Grades an 51 Prozent der Körperoberfläche.

„Aus gegebenem Anlass" hat deshalb das Sozialministerium die Bezirksregierungen gebeten, über die Heimaufsichtsbehörden allen Heimen für erwachsene Menschen mit Behinderung einen schriftlichen Hinweis zu geben: Das Pflegepersonal habe „die Wassertemperatur der Pflegebäder und -duschen vor der Benutzung durch die Heimbewohnerin oder den Heimbewohner immer auch per Hand zu prüfen". Das gelte „ausnahmslos auch dann, wenn an den Mischbatterien der Badewannen und Duschen Thermostate eingebaut sind". Und wenig später stellte das Sozialministerium dann auch noch klar, dass diese Dienstanweisung selbstverständlich auch für Pflegeheime gelte.

Wie viel muss man regeln? Und was nützt es? Gedankenlose und unengagierte Mitarbeiter werden dadurch meist auch nicht besser. So hat die Münchner Heimaufsicht bei der Vorlage ihres Berichts für 2003 und 2004 einen besonders eklatanten Fall von Nachlässigkeit geschildert: Eine 93-jährige, verwirrte Frau erlitt Anfang 2004 beim Duschen Verbrennungen zweiten und dritten

Grades an den Unterschenkeln und Füßen. „Die Bewohnerin musste mehrere Operationen und Amputationen einiger Zehen überstehen", berichtete Heimaufsichtschef Jochen Meindorfer über den skandalösen Vorfall. Nach Recherchen der Heimaufsicht geht aus der Pflegedokumentation hervor, dass das Wasser beim Duschen „mit einem Mal dermaßen heiß" geworden sei, „dass sich an beiden Füßen die Haut knallrot färbte". Offenbar hatte die Pflegekraft die Wassertemperatur nicht kontrolliert oder die Frau einfach unter die Dusche gesetzt und dann das Bad verlassen. Meindorfer berichtete, dass die Pflegekraft nach Aussage der Heimleitung keinen Hautschaden erlitten habe und ein Fehler in der Wasserversorgung ausgeschlossen werden könne. Darüber hinaus habe der Heimträger nichts unternommen, so die Heimaufsicht: „Weitere sichernde Maßnahmen, die eine solche rapide Temperaturveränderung durch einen Verbrüh-schutz verhindern könnten, wurden nicht eingeleitet. Dienstanweisungen, wie eine Wohlfühltemperatur beim Duschen durch die Pflegekraft während des gesamten Vorgangs durchzuführen und zu überprüfen seien, sind nicht erfolgt."

Die Heimaufsicht hat aber auch in anderen Heimen erschreckende Vorkommnisse und schwere Mängel dokumentiert. Da unterbleibt die ärztlich verordnete dauernde Sauerstoffgabe für einen unter schwerer Bronchitis leidenden Patienten. Die Heimaufsicht spricht von „gefährlicher Pflege". In einem anderen Heim stimmten die Medikamentendosierungen nicht mit den Verordnungen überein: Mal wurde weniger von einem Medikament verabreicht, mal mehr. Oder aber ein Medikament, das der Arzt abgesetzt hatte, wurde einfach weiter verabreicht. Aufgrund der hohen Fehlerquoten sei davon auszugehen, dass das Pflegepersonal seine Sorgfaltspflichten verletzt habe, monierte die Heimaufsicht. Auch bei einer Nachprüfung hatte sich die Situation nicht gebessert. Aus anderen Städten berichten Angehörige von eklatanten Versäumnissen: „Egal wann ich meine Mutter besuche, sie ist meistens ungepflegt. Um 17 Uhr stehen noch die Morgentabletten auf dem Nachttisch. Meine Mutter kann sie nicht mehr selbst nehmen." Um diese Zeit sei sie auch immer noch im Schlafanzug. Die Pflegekräfte sagen dann der Tochter: „Jetzt lohnt es sich auch nicht mehr, sie auszuziehen."

In keinem einzigen Heim traf die Heimaufsicht in München optimale Pflege an. Bei fast einem Viertel der Heimbegehungen bestand die Tendenz zu gefährlicher Pflege oder es lag bereits gefährliche Pflege vor. In hohem Maße handele es sich um Professionalisierungs- und Organisationsprobleme, so Meindorfer: „Die Einrichtungen haben zwar Bestrebungen zu einem Qualitätsmanagement, doch dessen Umsetzung durch die Mitarbeiter benötigt viel Zeit, und hat häufig nicht den gewünschten Erfolg." Ein großer Teil der Beanstandungen in Heimen resultiere aus Personalproblemen, „die ihren Ausgang auch in den durch latente Unterfinanzierung bedingten, unzureichenden Pflegeschlüsseln hatten". Fachliche Defizite und Überforderungen seien sowohl bei den Pflegefach- und -hilfskräften aufgetreten als auch bei den Führungskräften. Wer nun den Eindruck gewinnt, in München müsse die Situation besonders schlecht sein, liegt falsch: München hat die bundesweit am besten personell ausgestattete Heimaufsicht. Die Stadt hat es ernst gemeint – während anderswo überlastete Mitarbeiter eine effektive Kontrolle nicht leisten können. In keiner Stadt ist die Heimaufsicht personell derart gut ausgestattet wie in München. In den ländlichen Bereichen gibt es kaum spezialisierte Heimaufsichtsbehörden mit dem entsprechenden Fachwissen oder gar mit Mitarbeitern, die selbst als Pflegekräfte tätig waren. Dort ist die Heimaufsicht nur ein kleiner Teil innerhalb eines Straußes von Zuständigkeiten aus dem Bereich des Verbraucherschutzes. Mitarbeiter aus solchen Behörden berichten, dass sie sich völlig überfordert fühlten. Beanstandungen führten zu Mehrarbeit, die sie kaum bewältigen könnten.

Je mehr Mängel die Heimaufsicht feststellt, desto mehr muss sie die Träger „beraten", wie die Mängel abzustellen seien. Das macht sehr viel Arbeit – bei zumeist schlechter personeller Ausstattung der Heimaufsicht, zum Beispiel eine einzige Teilzeitstelle für die Kontrolle von 22 Einrichtungen. Ein Verwaltungsbeamter beschreibt seine Situation: „Ich mache die Heimaufsicht nebenbei, ich bin außerdem zuständig für Tierschutz, Jagdrecht und die Kampfhundverordnung."

Auch in Bayern ist es noch nicht so lange her, dass die Heime nur angemeldet und zumeist noch nicht wenigstens ein Mal pro Jahr kontrolliert wurden. 2,5 Stellen hatte damals die staatliche Heimaufsicht und war damit für 264 Altenpflegeheime und 113 Behindertenheime in ganz Oberbayern zuständig. Muss man da noch hinzufügen, dass es damals äußerst selten Kontrollen und noch viel seltener Beanstandungen gab?

Noch nicht einmal die unangemeldete Heimkontrolle, wie sie in Bayern seit Oktober 2002 stattfindet, ist überall Standard. Die Bonner Heimaufsichtsbehörde bekennt sich in ihrem 2004 vorgelegten Tätigkeitsbericht freimütig zu angemeldeten Kontrollen: „Um die Zusammenarbeit zwischen den Heimen und den Heimaufsichten zu fördern und sicherzustellen, dass während der wiederkehrenden Überprüfung Vertreter des Trägers und des Heims anwesend sind, werden diese Überprüfungen in der Regel nach vorheriger Benachrichtigung des Heims durchgeführt." Lediglich Überprüfungen aufgrund von Beschwerden erfolgten dort noch unangemeldet. Im Jahr 2002 seien die Heime zwei bis drei Tage vor dem Begehungstermin unterrichtet worden, seit 2003 sind es zwei Wochen. Die Heimaufsicht verbindet mit der Benachrichtigung die Bitte, ihr eine Reihe von Unterlagen zu überlassen. „Diese Vorgehensweise hat unter anderem den Vorteil, dass die Heimaufsicht die grundsätzliche Situation des jeweiligen Heims mit allen konzeptionellen und bewohnerbezogenen Besonderheiten vorab einschätzen" könne, heißt es in dem Bericht. Die Münchner Heimaufsicht prüft dagegen – von seltensten einzelnen Ausnahmen wegen besonderer Umstände abgesehen – immer unangemeldet. Die bayerische Sozialministerin Christa Stewens will daran auf alle Fälle festhalten: „Nur Heimkontrollen, die ohne vorherige Anmeldung erfolgen, sind wirksam und Erfolg versprechend."

In Baden-Württemberg dagegen beschwerte sich eine Angehörige bei der städtischen Heimaufsicht über die angemeldeten Kontrollen: „Es erscheint mir so, als wenn man der Heimleitung signalisiert: Bringt mal alles in Ordnung, damit ich, wenn ich komme, wenig Arbeit habe und Euch ein gutes Zeugnis ausstellen kann." Die Frau fragt: „Wie wollen Sie prüfen, ob die Heimbewohner gepflegt sind oder ob nicht gerade wegen der erwarteten Kontrolle die Urinbeutel ein Mal mehr geleert oder die Windeleinlagen zusätzlich gewechselt wurden, ob das Nachtzeug unüblicherweise aus- und die Tagesgarderobe angezogen wurde, ob die zu Betreuenden trotz vorhandener Beschäftigungspläne den überwiegenden Teil des Tages in ihrem Rollstuhl mit dem Gesicht zur Wand abgestellt werden, ob der Speiseplan abwechslungsreich ist und ob es das auf dem Plan ausgewiesene Essen tatsächlich gibt." Die Angehörige verweist darauf, dass sich Lebensmittelkontrolleure vom Ordnungsamt oder Fahrkartenkontrolleure ja auch nicht zuvor anmelden würden.

Außer über die Heimaufsicht verfügt die Stadt München auch noch über ein besonderes Instrument: die direkt dem OB unterstellte Beschwerdestelle für den Altenpflegebereich. Keine andere Stadt leistet sich in diesem Umfang eine unbequeme, unbestechliche Einrichtung, die den Beschwerden genau nachgehen kann. Dank des großen öffentlichen Ansehens der von Christa Empen konzeptionell entwickelten und schlagkräftig aufgebauten Beschwerdestelle kann es sich kein Heimträger leisten, ihr das Gespräch und die Recherche zu verweigern. Die Beschwerdestelle wurde zum Vorbild für viele ähnliche Einrichtungen in anderen Städten, die freilich nie die Wirkungskraft des Originals entwickeln konnten, das wichtige Anstöße zur Verbesserung der Pflegesituation gegeben hat. So unterscheidet sich die Münchner Situation nur dadurch von der in anderen Städten, dass die bayerische Landeshauptstadt es sich leistet, genau hinzuschauen, was in diesem Bereich geschieht. Anderswo will man das lieber nicht so genau wissen, weil es sonst die Politik dazu zwingen würde, mehr zu tun.

Denn es sind keine schönen Wahrheiten, die da zum Vorschein kommen. Eine „Liste der Alpträume" nannte die Süddeutsche Zeitung die von der Leiterin der Münchner Beschwerdestelle für den Altenpflegebereich 2003 aufgeführten und durch Recherchen bestätigten Mängel. Eine Frau in einem Heim wird nur alle vier Wochen gebadet, da zu wenig Personal auf der Station ist. Zahnschmerzen werden erst nach sieben Tagen vom Zahnarzt behandelt, weil die Pflegekräfte den Arzt nicht umgehend informieren. Pflegekräfte stellen einer Frau täglich eine Thermoskanne mit Tee hin und räumen diese abends wieder ab, ohne zu bemerken, dass die Frau nicht einen einzigen Schluck Tee getrunken hat. Bei einer Bewohnerin wird das Essen nicht klein geschnitten, obwohl dies aufgrund des Krankheitsbildes notwendig wäre. Eine andere Bewohnerin erhält ohne Notwendigkeit und gegen ihren Willen püriertes Essen. Eine Frau entwickelt immer schlimmere Druckgeschwüre, ohne dass die Pfleger etwas unternehmen. Obwohl es im Zimmer erheblich nach Stuhlgang riecht, bekommt die inkontinente Bewohnerin ihr Abendbrot serviert. Ihre Mitbewohnerin muss die Geruchsbelästigung aushalten, weil die Pflegekräfte sich nicht um die Inkontinenzversorgung kümmern. Pflegekräfte setzen einer Bewohnerin ohne Grund die Zahnprothese nicht ein. Die Liste lässt sich noch fortsetzen. „Pflegebedürftige alte Menschen in Heimen erfahren nach wie vor vielerorts keine ausreichende Beachtung ihrer individuellen Wünsche und Bedürfnisse. Ihre Würde und Individualität werden zu wenig geachtet, ihre Lebensqualität wird damit beeinträchtigt", resümierte Kornelie Rahnema 2003. „Das Pflegeleitbild steht oft nur auf dem Papier, während wir auf den Stationen immer wieder ein Negativbild vom alten Menschen finden." Und auch zwei Jahre später war die Situation ähnlich.

Jedem sechsten Heimbewohner bekommt die Pflege so schlecht, dass er Schaden nimmt. Das ergibt sich aus dem 2004 vorgelegten ersten Pflegequalitätsbericht des Medizinischen Dienstes der Spitzenverbände der Krankenkassen (MDS), der auf überwiegend angemeldeten Kontrollen basiert: „Auf der Basis der Ergebnisse aller einbezogenen Qualitätsprüfungen wurden bei 17 Prozent der Bewohner stationärer Pflegeeinrichtungen eindeutige Defizite in der Ergebnisqualität festgestellt." Der MDS selbst übersetzt diese Aussage: „Hierbei handelt es sich um bereits eingetretene Pflegeschäden."

Zu diesen Schlaglichtern aus dem Pflegealltag im Heim passt auch, dass viele Pflegekräfte in den Pflegeheimen nicht einmal in der Lage sind, ordentlich mitzuteilen, ob einer ihrer Bewohner gestorben ist. Das geht aus einem Brief hervor, den das Bayerische Sozialministerium im Februar 2004 an die Heimaufsichtsbehörden richtete. Darin erteilt es zum wiederholten Male Nachhilfeunterricht für Pflegeheime. In der Betreffzeile steht: „Verfahren beim Auffinden lebloser Personen in Alten- und Pflegeheimen." Aus dem Schreiben des Sozialministeriums geht hervor, dass immer wieder Notärzte zu tatsächlich toten Heimbewohnern bestellt werden. Nicht nur die Ärzte hätten sich über solche „Fehleinsätze" beschwert, sondern auch Angehörige, die sich „in ihrer Trauer gestört" fühlten, „wenn Rettungsteams am Totenbett erschienen", schreibt der Leitende Ministerialrat Franz Wölfl.

Den Rettungsleitstellen sei es aber oft nicht möglich, von dem anrufenden Heimpersonal zweifelsfrei zu erfahren, ob der Bewohner tatsächlich tot ist oder ob es sich um einen Menschen handelt, der fälschlich für tot gehalten wird, dem aber bei rechtzeitiger Entsendung des Notarztes noch geholfen werden könnte. „Gerade am Wochenende oder nachts, wenn der behandelnde Arzt nicht erreichbar ist, wendet sich das Pflegepersonal verstärkt an die Rettungsleitstellen", berichtet Wölfl und weist damit auf die seit Jahren beklagte mangelhafte medizinische Versorgung in den Heimen hin. Aber es kommt noch viel schlimmer: „Das Pflegepersonal in diesen Schichten kennt angeblich oft nicht die Vorgeschichte der Heimbewohner und/oder ruft nicht selbst die Leitstelle an, sondern lässt Dritte (zum Beispiel den Pförtner oder Mitarbeiter der Telefonvermittlung) anrufen." Um nicht ein strafrechtliches Ermittlungsverfahren zu riskieren, alarmiere der Disponent der Rettungsleitstelle bei einem „zwangsläufig sehr diffusen Meldungsbild" eher den Notarzt als den Kassenärztlichen Bereitschaftsdienst.

Wölfl fordert von den Heimträgern, sie sollten sicherstellen, „dass der behandelnde Arzt auch am Wochenende oder in der Nacht zur Verfügung steht, zumindest, wenn absehbar ist, dass in nächster Zeit ein seit längerem leidender Patient sterben wird". Bei einem vorhersehbaren Todesfall, also wenn der Arzt den nahen Tod angekündigt habe oder wenn dieser wegen eines unheilbaren Leidens zu erwarten war, sei der Arzt zur Leichenschau über den Bereitschaftsdienst anzufordern. „Nur wenn Zweifel bestehen, ob der Patient bereits tot ist oder noch gerettet werden könnte, sollte über die Rettungsleitstelle der Notarzt angefordert werden." In jedem Fall solle dies das Pflegepersonal selbst tun, damit es auf Fragen der Leitstelle fachgerecht Auskunft geben könne. Grundlage dafür ist eine vom Bayerischen Roten Kreuz und der Kassenärztlichen Vereinigung Ende 2003 erstellte Richtlinie zum Vorgehen, „damit in Zukunft ein verbessertes Abfrageverfahren" erreicht werden kann.

Da verwundert es auch nicht, dass es zu katastrophalen Pflegefehlern kommt, ja kommen muss. Eine Pflegekraft schildert ein besonders schlimmes Beispiel: Eine alte Frau bekam ein schmerzhaftes Druckgeschwür am Steißbein – doch die Stationsleitung unternahm erst etwas, als sich die Frau bis auf die Wirbelknochen wund gelegen hatte. In einem anderen Fall war eine Bewohnerin an einem Donnerstagnachmittag gestürzt, doch die stellvertretende Stationsleiterin sagte bei der Übergabe, es sei alles in Ordnung. Die Bewohnerin, so stellte die Pflegekraft fest, konnte nicht mehr stehen, hatte starke Schmerzen und einen geschwollenen Knöchel. Der Arzt, der nach dem Schichtende der Pflegekraft kam, legte nur einen Verband an und verordnete ein starkes Schmerzmittel. Als die Pflegekraft am Montagmorgen wieder zum Dienst kam, schrie die Frau vor Schmerzen, so dass die Altenpflegerin die Frau sofort ins Krankenhaus bringen ließ: Oberschenkelhals und Fußgelenk waren gebrochen. Die Einweisung hätte eigentlich die stellvertretende Stationsleiterin veranlassen müssen, die die Gestürzte aufgefunden hatte: Denn der Bruchverdacht ist aus der Lage des Beines erkennbar. Die engagierte Pflegekraft machten solche Vorfälle, die ohne Konsequenzen blieben, krank. „Immer wenn ich das Haus betrat, drehte sich mir der Magen um." Die Heimleitung legte ihr nahe, „ich sollte mich nicht aufopfern für die Bewohner und die Station wechseln".

Eine erschreckende Dokumentation über die Mängel in den Heimen lieferten auch 24 Altenpflegeschülerinnen aus Nordrhein-Westfalen, die nach vier jeweils dreimonatigen Praktika stichpunktartig die negativen Erfahrungen festhielten: „Zwei Bewohnern gleichzeitig Essen anreichen. Essen auf dem Toilettenstuhl. Während des Toilettengangs auf der Toilette geduscht … Druck auf Bewohner ausgeübt, schnell, schnell. Dann machen Sie doch in die Hose. Häufige Antwort: Keine Zeit, jetzt geht es nicht. Bewohner werden bereits nachts teilweise gewaschen, ab vier Uhr morgens, um Zeit einzusparen. Demente werden vor dem Abendessen schon gewaschen und ins Bett gebracht. Verbände werden mehrfach genutzt. Hygienemängel bei der Katheterisierung. Aktivierung findet kaum statt. Den Bewohnern werden eigene Fähigkeiten abgenommen, dauert bei der Pflege zu lange. Schüler werden als volle Kräfte ins Team eingeplant … Unruhige Bewohner werden ins Zimmer abgeschoben. Wenig psychosoziale Betreuung, kaum Zeit. Zu viele Bewohner pro Pflegekraft … Eigener Anspruch an die Würde des Menschen findet kaum Beachtung. Viele trauen sich nichts zu sagen, um ihren Arbeitsplatz nicht zu verlieren … Pflegende gehen bis an ihre Belastungsgrenzen, negatives Image ‚Arschabwischer' in der Öffentlichkeit … Viele neue Ideen, Modelle, scheitern an finanziellen Möglichkeiten."

Menschen sterben – in einem Hospiz genauso wie im Altenpflegeheim. Den Unterschied hat die Altenpflegerin Michaela Schubert kennen gelernt. Ihr geht es um die Würde des Sterbens. Sie hat in einem Hospiz gearbeitet, und fast wäre man nach ihren Schilderungen versucht zu formulieren: Sie hat dabei ins Paradies geblickt. „Im Hospiz hat man Zeit, sich um die Seele der sterbenden Menschen zu kümmern." Im normalen Pflegeheim dagegen gibt es kaum Zeit für Sterbebegleitung. „Da muss man sich fünf Minuten für ein Gespräch auch noch von der Grundpflege abzwacken." Michaela Schubert kennt diesen Druck, weil sie auch in einem Pflegeheim gearbeitet hat.

So zeigt sich bei den Übergabebesprechungen der Pflegeteams zum Schichtwechsel deutlich, wo das Befinden des Menschen im Mittelpunkt steht. Michaela Schubert: „Im Hospiz wird über die Seele des Menschen gesprochen, im Heim geht es darum, wer noch geduscht oder gebadet werden muss." Die Arbeitsbedingungen sind völlig anders: Ein so gutes Angebot an Pflegepersonal wie im Hospiz, wo obendrein immer auch Ärzte zum Team gehören, gibt es im Heim nicht. Und so lautet ein Standardspruch der Pflegekräfte im Heim, wenn Bewohner das Gespräch suchen: „Ich komme nachher noch einmal." Doch die Pflegekraft kommt meistens nicht mehr, sagt Michaela Schubert, „weil sie keine Zeit hat oder es vergisst". Jeder sei nur noch darauf bedacht, „die Bewohner durchzuwaschen".

Michaela Schubert erlebte „das Grau, die Kälte und Unmenschlichkeit im Pflegeheim", das genaue Gegenteil der von „Liebe, Wärme und Geborgenheit" getragenen Atmosphäre im Hospiz, in dem sie ein Praktikum für ihre Ausbildung an der Altenpflegeschule absolvierte: „Dort konnte ich all das umsetzen, was ich an der Schule gelernt hatte." Die Sterbebegleitung im Pflegealltag integrieren, den Abschied vom Leben würdig gestalten. Doch im Pflegeheim ließ sich das nicht verwirklichen.

Von der Hospizarbeit, die zum Ziel hat, Menschen auch noch in der letzten Phase ihres Lebens so viel Lebensqualität zu erhalten wie möglich, ist der Alltag in den Altenpflegeheimen sehr weit entfernt. Die Deutsche Hospiz Stiftung hat bei der Präsentation der Jahresstatistik darauf hingewiesen, dass nur 4,1 Prozent der 850 000 Menschen, die jährlich in Deutschland sterben, psychosozial von ehrenamtlichen Mitarbeitern ambulanter Hospizdienste begleitet werden. „Die meisten Sterbenden sind mit ihren Schmerzen und Ängsten alleine", erklärte Eugen Brysch, geschäftsführender Vorstand der Deutschen Hospiz Stiftung. „Nur eine Minderheit erhält bedarfsorientierte Hilfe und Pflege." Die Vorsitzende der Bundesarbeitsgemeinschaft Hospiz e.V. (BAG), Gerda Graf, fordert eine bessere ambulante Versorgung von sterbenskranken Menschen: „95 Prozent der deutschen Bevölkerung wollen zu Hause in ihrer vertrauten Umgebung sterben. Tatsächlich beenden rund 70 Prozent ihr Leben in Krankenhäusern und Pflegeheimen, weil die ambulante Versorgung mangelhaft ist." Tatsächlich sei in rund 50 Prozent der Fälle eine Einweisung überflüssig, wie ein Forschungsprojekt der BAG in Rheinland-Pfalz ergeben habe.

Bei einem Stellenschlüssel von einer Pflegekraft für je 2,56 Bewohner (das ist missverständlich, hört sich gut an) bleibt nicht gerade viel Zeit übrig, sich um schwer kranke Menschen zu kümmern, die im Sterben liegen: 102 Minuten Pflege sind es im Durchschnitt pro Tag und Bewohner – in dieser Zeit müssen Waschen, Toilettengänge oder Inkontinenzversorgung, Essengeben, Umlagern um Druckgeschwüre zu vermeiden ebenso wie Medikamentengabe, Wundversorgung und Mundpflege bewältigt werden. Zeit für Zuwendung bleibt da kaum. Einem sterbenden Menschen die Hand zu halten, bei ihm zu sitzen – das gefährdet die zeitlich ohnehin zu knapp bemessene Grundversorgung der anderen Pflegebedürftigen.

Denn die Zeiten, zu denen noch sehr rüstige Menschen im Alter von 70 Jahren ins Heim zogen, sind dank des Ausbaus der häuslichen Versorgung längst vorbei. Inzwischen liegt das Eintrittsalter bei Mitte 80 mit steigender Tendenz. Das Dilemma dieser Entwicklung bringt der Münchner Sozialreferent Friedrich Graffe auf den Punkt: „Die Entwicklung von traditionellen Pflegeheimen hin zu Sterbehäusern will niemand wahrhaben."

„Die hohe Arbeitsbelastung der Pflegekräfte erschwert eine angemessene Zuwendung für Sterbende", so Graffe. Sterben im Heim sei deshalb oft „geprägt vom Zeitmangel der Pflegekräfte und den dieser Situation nicht angepassten Arbeitsbedingungen in den Heimen". Zwischen 21 und 50 Prozent der Bewohner, so ergab eine Befragung Münchner Heimträger, sterben innerhalb eines Jahres nach Einzug. Zunehmend werden Patienten aus dem Krankenhaus für die Sterbephase ins Pflegeheime verlegt. Bis zu 25 Prozent der Bewohner sterben nach weniger als zwei Monaten, meldete ein Träger. Ein anderer gab die durchschnittliche Verweildauer mit sechs bis acht Monaten an. Die Zusammenarbeit mit Hospizvereinen ist eher die Ausnahme als die Regel. Auch eine zeitweise seelsorgerische Begleitung am Sterbebett findet kaum statt.

Der Wissenschaftler Dr. Philip Anderson, der im Auftrag der Arbeiterwohlfahrt im Jahr 2003 die Sterbekultur in stationären Seniorenzentren untersucht und dazu Pflegekräfte befragt hat, kam zu dem Ergebnis, dass „das Thema Tod und Sterben in der stationären Altenhilfe weitgehend tabuisiert" bleibt. „Leitung, Mitarbeiterinnen und Bewohnerschaft leben damit, dass eine Verdrängung des Sterbens aus der Mitte des gesellschaftlichen Geschehens stattfindet." Zeitmangel in der Pflege gehe zu Lasten der Sterbebegleitung: „Oft wurde von Mitarbeiterinnen berichtet, dass sie nicht die Zeit hätten, um eine ausgiebige Sterbebegleitung zu machen. Höchstens könne man zum Beispiel hin und wieder hereinschauen, um zu kontrollieren, ob der/diejenige noch am Leben sei." Enge Zeitvorgaben für die Pflege, aber auch eine Ausbildung ohne Auseinandersetzung mit dem Sterben, prägen die Situation. „Es ist sicher wahr, dass die zeitlichen Engpässe manchen Mitarbeitern/innen ‚gelegen kommen‘, die der Intensität des Sterbeprozesses aus dem Wege gehen wollen", meint Anderson.

Wirtschaftliche Zwänge verhindern einen würdigen Abschied. Eine Pflegekraft beschrieb Anderson, dass das Bett der Verstorbenen meist schon am nächsten Tag wieder belegt sei. „Das ist wie eine Fließbandabfertigung, wenn jemand stirbt, der wird versorgt, sofort runtergefahren, dann wird oben das Bett wieder bezogen, alles hergerichtet, am nächsten Tag kommt meistens schon der Neue." Weder den Bewohnern noch dem Personal bliebe so Zeit, sich vom Verstorbenen zu verabschieden. Wirtschaftliche Überlegungen stehen dagegen – und so sprechen Pflegeheim-Geschäftsführer hinter vorgehaltener Hand: „Das Bett darf nicht kalt werden." So müsse die letzte Verabschiedung oft in großer Hektik meist hinter einer improvisierten Trennwand im Doppelzimmer vollzogen werden, kritisiert Anderson. Todesfeststellung durch den Arzt, Waschung des Verstorbenen, Ankunft des Bestattungsunternehmens – all das spiele sich da in hektischer Betriebsamkeit ab. Den Pflegekräften sei es den Angehörigen gegenüber peinlich, „mit welcher Eilfertigkeit das Zimmer für eine neue Bewohnerin bezugsfertig gemacht werden muss". Eine Pflegekraft schilderte, wie das Eigentum einer verstorbenen Bewohnerin in blauen Müllsäcken eingesammelt und den Angehörigen überreicht wird.

Ehrenamtliche Hospizhelfer, so Anderson, könnten die Situation für die Bewohner verbessern und die Pflegekräfte entlasten. Anderson zitiert eine Pflegefachkraft: „Ich war nachmittags alleine, ich habe gewusst, die Frau liegt im Sterben." Die Mitarbeiterin berichtet: „Ich bin auch öfters rein, aber ich habe keine Zeit gehabt, an dem Bett zu sitzen." Es sei eine ganz große Hilfe gewesen, dass sie eine Hospizhelferin habe holen können: „Die Frau ist zwei Stunden geblieben, bis die Bewohnerin verstorben war."

Mit finanzieller Unterstützung der Stadt München gehen ehrenamtliche Helfer des Christophorus Hospiz Vereins und des

Vereins Da-Sein in Münchner Pflegeheime. Mechthild Gerdes hat regelmäßig eine alte Frau besucht. Aus eigener Kraft konnte sich die 81-Jährige, der infolge ihrer Zuckerkrankheit die Beine hatten amputiert werden müssen, nicht mehr bewegen. Sie kann auch nicht mehr sprechen, ihr Händedruck ist fast nicht spürbar. Aber Mechthild Gerdes hat dennoch einen Weg gefunden, mit der schwer kranken, pflegebedürftigen Frau in Kontakt zu kommen. Die ausgebildete ehrenamtliche Hospizhelferin hat sich mit Geduld und genauer Beobachtung „neue Kommunikationskanäle" gesucht, wie sie es nennt. Beim ersten Besuch am Pflegebett, erinnert sich Mechthild Gerdes, war die Frau kaum ansprechbar. Im Gesichtsausdruck spiegelte sich die Frage: „Was ist denn das für eine?" Die Hospizhelferin sagte, sie werde nun öfter kommen und sie besuchen. „Dann habe ich von mir erzählt, einfach und authentisch." Beim Wechsel zwischen Erzählen und den Pausen hat sich Mechthild Gerdes ganz auf ihr Gefühl verlassen und auf spärliche Signale. „Wenn der Frau etwas nicht passt, dann schläft sie einfach weg oder guckt an die Decke – es ist ihre Art, nein zu sagen." Wenn sie interessiert sei, „dann schaut sie einen intensiv an. Sie nimmt viel mehr wahr als man denkt, es geht etwas in ihr vor."

Auch Hospizhelfer Albert Schott verlässt sich auf sein Gefühl. „Nur als Anfänger ist man in Gefahr, ständig etwas zu tun oder zu reden – man kann auch schweigend daneben sitzen." Es sei „kostbar, wenn jemand da sitzt und einfach Zeit hat", sagt Projektleiterin Katharina Rizzi von Da-Sein. Schott berichtet von einer Pflegekraft, die ihm gesagt habe: „Ich möchte einmal so weit kommen, dass ich mich eine halbe Stunde ans Bett eines sterbenden Menschen setzen kann." Das Personal in den Pflegeheimen kann sich diese Zeit kaum nehmen, und das geht ans Berufsethos: das Pflegepersonal fürs Grobe, für die körperlichen Bedürfnisse, die Hospizhelfer fürs Feine, für die seelischen Nöte. „Ich habe niemanden bei den Pflegekräften getroffen, der nicht bedauert hat, dass er das nicht abdecken kann, was wir leisten", beschreibt Schott seine Erfahrungen. Manchmal werde deshalb eine gewisse Eifersucht spürbar, sagt Schott, vor allem „wenn wir dann auch noch das Lob der Verwandten bekommen, während die Arbeit der Hauptamtlichen für selbstverständlich gehalten wird".

Die Hospizhelfer gehen am Anfang zumeist ein Mal in der Woche zu ihren Patienten, in der Sterbephase dann täglich. Den Kontakt stellt die Pflegedienstleitung her, die möglichst viele Informationen über das Leben der Bewohner vermittelt. Da-Sein schickt bei Bedarf eine Palliativschwester, um eine optimale Schmerztherapie zu ermöglichen. „Wir wollen uns integrieren", sagt Sepp Raischl, Hospiz-Sozialarbeiter im Christophorus Hospiz Verein. „Wir schulen auch die Heim-Mitarbeiter in Palliativmedizin und Sterbebegleitung", berichtet Raischl. Auch Da-Sein bietet Fortbildungen für das Heimpersonal an.

Trotz ihrer Personalknappheit öffneten sich die Heime nur sehr zögerlich für das Angebot der psychosozialen Betreuung in der Sterbephase. Katharina Rizzi berichtet, dass das Angebot zur einfühlsamen Sterbebegleitung im Heim meist mit den Worten „wir brauchen das nicht, wir machen das schon selbst" brüsk zurückgewiesen wurde, obwohl die Realität oft anders aussieht. Da-Sein hatte bei einer Veranstaltung 50 Heime auf das neue Angebot hingewiesen. Aber daraufhin habe sich nur mit drei Heimen eine dauerhafte Zusammenarbeit ergeben. „Dabei machen wir es den Heimen einfach: Wir bilden die Hospizhelfer aus und übernehmen Fortbildung und Supervision. Wir brauchen nur Ansprechpartner in den Heimen." Eine Pflegedienstleiterin, der die Hospizhelfer höchst willkommen sind, zeigt Verständnis für die Vorbehalte anderer Häuser: „Dort hat man Angst davor, Einblick in den schwierigen Alltag zu gewähren." Der Wissenschaftler Philip Anderson vermutet noch einen anderen Hintergrund: „Manche Teams nehmen das Angebot der Sterbebegleitung durch Ehrenamtliche nicht in Anspruch, weil sie dem Thema Sterben und Trauerarbeit überhaupt (und der intensiven Auseinandersetzung im Team damit) aus dem Weg gehen wollen."

Die großen Defizite bei Schmerztherapie und Sterbebegleitung beschäftigen auch den Bundestag. Ende Juni 2005 hat
die Enquetekommission „Ethik und Recht der modernen Medizin" ihren Zwischenbericht zur „Verbesserung der Versorgung
Schwerstkranker und Sterbender in Deutschland durch Palliativmedizin und Hospizarbeit" dem Bundestagspräsidenten überge-
ben. „Die nachvollziehbaren Ängste viele Menschen vor Fremd-
bestimmung, Einsamkeit und Schmerzen am Ende des Lebens
angesichts häufig unzureichender psychosozialer Sterbebegleitung und vielerorts mangelhafter Erreichbarkeit angemessener
und qualitativ abgesicherter Palliativversorgung bedürfen dringend einer überzeugenden Antwort der Gesellschaft, der Politik, der beteiligten Berufsgruppen und Fachdisziplinen und der
Kostenträger des Gesundheitswesens", heißt es in dem Bericht.
„Diese Antwort wird entscheidenden Anteil daran haben, die
in der Bevölkerung teilweise vorhandene hohe Zustimmungs-
bereitschaft zur Legalisierung der aktiven Sterbehilfe zurück-
zudrängen. Die Legalisierung der Tötung auf Verlangen und
des Ausscheidens aus einem Leben, das angesichts befürchteter
medizinischer Überversorgung und schmerztherapeutischer und
pflegerischer Unterversorgung als nicht mehr lebenswert erscheint, kann nicht im Interesse der Gesellschaft liegen." Aufgabe der Politik müsse stattdessen sein, die medizinischen, pflegerischen und psychosozialen Bedingungen in der letzten Lebensphase zu verbessern. Die Enquetekommission unterbreitet dazu
eine Reihe von Vorschlägen, wie etwa den Anspruch auf Frei-
stellung von Angehörigen bis zu einer Dauer von sechs Monaten durch den Arbeitgeber zur Sterbebegleitung sowie eine Verbesserung der Ausbildung aller beteiligten Berufsgruppen, um
Palliativmedizin und Palliativpflege allen Menschen zugänglich
zu machen. Dazu empfiehlt die Kommission, einen gesetzlichen
Anspruch auf bedarfsgerechte Palliativversorgung einzuführen.
Das wird Geld kosten, aber die Enquetekommission zeigt sich
davon überzeugt, „dass ein bedarfsgerechter Ausbau der Palliativmedizin und die Förderung der Hospizarbeit maßvolle

Kostensteigerungen im Bereich der Begleitung und Versorgung Schwerstkranker und Sterbender rechtfertigen". Das hören Finanzpolitiker derzeit gar nicht gern, und so ist zu befürchten, dass der Bericht in der Schublade verschwindet.

Kurz vor ihrem Tod 1998 hat die Münchner Altenpflegerin Brigitte Nerger-Ziehr das Grundproblem bereits eindrucksvoll beschrieben: „Obwohl durch den Fortschritt in der Medizin die Menschen älter werden, der Körper länger am Leben erhalten wird, mehrt sich bei vielen das Leid. Aber all das, was man mir als jüngerer Krebskranken zubilligt an Lebensqualitätsverbesserung, an Leid-Linderung" – wie etwa Schmerztherapie und Sterbebegleitung –, „gilt für alte Menschen in den Heimen meist als indiskutabel, nicht-finanzierbar bis überflüssig." Alt und abgeschoben, so lässt sich ihr Fazit zusammenfassen: „Leidet ein alter Mensch, denkt man, das gehört selbstverständlich zu dieser Lebensphase; stirbt er, ist das, natürlich, Erlösung oder ein Segen – für alle, die das Leid mittragen müssen. Er hat ja sein Leben gelebt, sagt man. Als ob allein schon die Anzahl der Jahre für ein erfülltes Leben stünde. Ein lebenswertes Leben bis zum letzten Augenblick gibt es anscheinend nur in der Hospiz-Idee, die im Pflegeheim schwer Einzug findet."

Niemand zieht gern in ein Altenpflegeheim. Der letzte Umzug ist erzwungen, weil der Verlust an Selbständigkeit durch gesundheitliche Einbußen und Gebrechlichkeit ein Ausmaß erreicht hat, das zu Hause nicht mehr zu bewältigen ist. Niemand gibt gern seine Wohnung auf und schränkt seine persönliche Habe soweit ein, dass sie mühelos als Reisegepäck im Flugzeug zu transportieren wäre. Niemand freut sich auf einen organisierten Alltag, der sich kaum nach persönlichen Vorlieben richtet. Es bedeutet die Aufgabe der Unabhängigkeit, des letzten Restes von Eigenständigkeit und individueller Lebensführung. Da helfen keine Hochglanzbroschüren, der Umzug ins Heim ist einschneidend, zumal ihm auch zumeist ein Sturz oder eine Erkrankung vorausgehen. Ist der Umzug, verbunden mit der Auflösung der Wohnung und des eigenständigen Haushalts, schon für die Betroffenen ein sehr schwerer Schritt, so leiden die nächsten Angehörigen meist nicht weniger darunter. Oft haben sie ihre Mutter, ihren Vater jahrelang gepflegt, daneben ihren eigenen Familienhaushalt und auch noch den Beruf irgendwie bewältigt, ständig geplagt von Gewissensbissen, nichts ganz richtig machen zu können, überall etwas zu vernachlässigen, auch wenn sie sich beinahe zerreißen zwischen ihren verschiedenen Einsatzgebieten. Das Eingeständnis, selbst am Ende der Kraft zu sein, die aufgezehrt ist von der anstrengenden Pflege eines Angehörigen, fällt vielen außerordentlich schwer. Angehörige, die schließlich aufgeben und ihnen nahestehende Menschen ins Heim bringen, fühlen sich oft als Versager.

Für diese zermürbenden Selbstvorwürfe hat der Wissenschaftler Dr. Philip Anderson in einer Untersuchung für die Arbeiterwohlfahrt eine sehr einleuchtende Erklärung gegeben. Heime für ältere Menschen, so schreibt er in seiner Untersuchung für die Arbeiterwohlfahrt, gelten „in den Augen vieler als die allerletzte Option, als ‚Abschiebebahnhof‘". Der Einzug ins Heim werde in der Familie oft „als ein Scheitern des familiären Unterstützungsnetzwerks betrachtet". Anderson beschreibt die missliche Lage aller Beteiligten: „Die stationäre Unterbringung alter Menschen ist damit meist für den betroffenen Menschen selber und die Familienangehörigen mit einer Kapitulation verbunden – die Selbstversorgung oder die Angehörigenpflege hat mit dem Heimübertritt offenkundig ‚versagt‘."

Das macht die Situation für das Pflegepersonal schwierig. Die Heim-Mitarbeiter stehen vor einer kaum zu lösenden Aufgabe, zumal alte Menschen nicht freiwillig in ein Pflegeheim ziehen, wie eine Altenpflegerin schildert: „Die Bewohner kommen mit negativen Gefühlen, oft nur deswegen, um ihre Angehörigen zu entlasten. Und die Angehörigen tragen das Schuldgefühl in sich, ihre Mutter oder ihren Vater abgeschoben zu haben." So viel negativer Energie halte ein überbeanspruchtes Pflegeteam kaum stand – Konflikte häuften sich: Angehörige, die permanent nur das Beste wollen, gelten schnell als querulantisch, die Pflegekräfte dagegen als uneinsichtig und hartleibig, im strapaziösen Pflegealltag verroht.

Eine Frau, die ihren Vater so lange gepflegt hat, bis sie einfach nicht mehr konnte, schildert den Gewissenskonflikt, der sie quält: „Ich gab ein Stück Verantwortung ab, als ich Vater ins Heim brachte, er sollte gut und rund um die Uhr versorgt sein." Tatsächlich aber verlor der 88-Jährige dort in rasantem Tempo an Gewicht. Als ihn die Tochter mehrmals mittags im Heim besucht, trifft sie ihn allein im Speiseraum an. „Er saß jedes Mal vor einem vollen Teller mit Essen und einem vollen Glas mit einem Getränk. Es hat sich niemand vom Pflegepersonal darum gekümmert, ob mein Vater auch genug isst und trinkt. Die darauf folgenden Tage fütterte ich meinen Vater." Eine Pflegerin antwortete auf die Frage, warum ihrem Vater nicht beim Essen geholfen werde, sie hätte keine Zeit, eine Stunde bei ihm zu sitzen. Eine andere Pflegerin meinte, die Tochter solle sich nicht verrückt machen: „Ihr Vater ist doch 88 Jahre alt."

Die Tochter brachte ihren Vater noch ins Krankenhaus – der Oberarzt fragte, ob der alte Mann im Heim war und in welchem. Offenbar hatte die Klinik einschlägige Erfahrungen mit abgemagerten alten Menschen. Als der Vater gestorben war, wurden die Schuldgefühle der Tochter übermächtig: „Ich kann nicht fassen, was passiert ist im Heim. Es schmerzt mich fürchterlich. Mein Vater könnte noch leben, wenn man ihn besser versorgt hätte. Es plagen mich Schuldgefühle. Diese gehen so weit, dass ich denke, ich habe Vater umgebracht, im wahrsten Sinn des Wortes, weil ich ihn ins Heim gebracht habe."

Freilich gibt es auch andere Beispiele – es gibt nicht nur Angehörige, die darunter leiden, dass sie es nicht mehr schaffen, das zu geben, wozu sie sich verpflichtet fühlen. Wer sich ein wenig in Zimmern von Pflegeheimen umschaut, dem wird bald auffallen, dass viele dieser Räume ähnlich unpersönlich wirken wie ein Krankenhauszimmer. Dort halten sich die Menschen allerdings nur kurz auf, im Pflegeheim sind es Monate bis Jahre. Und doch bleiben die Wände in vielen Zimmern kahl, oft ist gerade mal auf dem Nachttisch ein Familienbild zu finden. In den Räumen ist kaum persönliche Ausstattung zu finden. Dabei handelt es sich keineswegs nur um Bewohner, die keine Angehörigen mehr haben. Wenn das angesprochen wird, dann heißt es, „ach, das braucht doch meine Mutter alles nicht mehr, damit kann sie doch nichts anfangen", oder: „Die kriegt doch eh nichts mehr mit." Heimleiter berichten, dass Menschen einziehen, ohne dass sich jemand darum kümmert, dass sie auch im Heim Kleidung brauchen.

Aber auch das Personal ist nicht immer frei von Schuld. Ein Altenpflegelehrer aus Nordrhein-Westfalen berichtet über einen Praxisbesuch im Heim: „Das Bewohnerzimmer fand ich zum Heulen. Dort stand das Pflegebett diagonal in der Mitte des Zimmers. An einer Wand war eine Mauer mit Kartons aufgebaut." Es waren die Kartons mit der Sondennahrung für die künstlich ernährte Bewohnerin. Die „Mauer" habe nur einen

Gedanken geweckt: „So, das bekommt sie noch und dann muss sie abtreten von dieser Welt." Außer dem medizinischen Versorgungsapparat – Pumpe für die Sondennahrung, Absaug- und Sauerstoffgerät – habe sich kaum Inventar im Zimmer befunden, „außer eine kleine Stehlampe, welche eine vorherige Bewohnerin, die verstorben war, hinterlassen hatte. Auf der Fensterbank stand ein Kassettenrecorder, der noch nie an gewesen war, wie mir die Pflegeschülerin sagte. Und dann sah ich auf der Heizung noch ein Weihnachtsgesteck, künstliches Tannengrün mit einem Weihnachtsmann in der Mitte." Nein – es nahte nicht das Jahresende. „Es war mitten im August." Nicht ein einziges Bild hing in dem Zimmer, das zudem als Ausblick nur eine hässliche Fensterfront bot. Eigentlich wollte sich der Lehrer an den Sohn oder die Heimaufsicht wenden – aber als Altenpflegeschule wolle man sich ja nicht mit den Einrichtungen anlegen, „sonst bildet keiner mehr mit uns aus".

Unerfreuliche Erfahrungen machen auch ambulante Pflegedienste mit manchen Angehörigen. Da gibt es beispielsweise den Sohn, der seine pflegebedürftige Mutter, nachdem ihm das Haus überschrieben ist, im Keller einquartiert und für den Ausbau seine Mutter noch abkassiert, oder aber den Sohn, der von der Rente seiner pflegebedürftigen Mutter lebt, sich „beruflich neu orientiert" und natürlich nicht in der Lage ist, einmal für seine Mutter einkaufen zu gehen. Wenn die Mutter nachts mal jemanden braucht, muss sie die Nachbarin rufen.

Aber es gibt auch Angehörige, die sich aus materiellen Motiven selbst um die Pflege kümmern. Die steigende Arbeitslosigkeit bei gleichzeitig abnehmender Versorgung Langzeitarbeitsloser hat dazu geführt, dass mehr Angehörige die beschäftigungslose Zeit mit der Pflege nahestehender Verwandte überbrücken. Ob sie ihre Angehörigen ausreichend versorgen können, ist sehr viel schwerer nachprüfbar als die Pflegequalität in den Heimen. Niemand will die außerordentliche Leistung pflegender Angehöriger schmälern. Aber es gibt auch in diesem Bereich Fälle von Vernachlässigung.

Um nicht falsch verstanden zu werden: Es gibt nicht nur gute, edelmütige Angehörige, genauso wenig, wie nur schlechte Pflegekräfte in Heimen arbeiten. Nicht jeder Angehörige kümmert sich nur aus hehren Motiven um seine pflegebedürftigen Eltern, die ja auch ein Erbe zu bieten haben. Und nicht jede Pflegekraft, die in einem Heim arbeitet, hat sich den Beruf aus reiner Nächstenliebe ausgesucht. Nicht jede Pflegekraft ist einfach schon deswegen gut, weil sie diesen schweren Beruf ergriffen hat und dabei bis an die Grenzen ihrer Leistungsfähigkeit geht. Und nicht jeder Angehöriger, der sich um einen pflegebedürftigen Menschen bemüht, macht seine Sache schon deswegen gut, weil er sich angeblich aufopfert.

Auch wenn heute fast jedes größere Unternehmen sein aktives Beschwerdemanagement preist, so schaut die Wirklichkeit zumindest im sozialen Bereich anders aus. So zeichnete die Münchner OB-Beauftragte für den Altenpflegebereich, Kornelie Rahnema, im Jahr 2003 für den ambulanten Bereich ein düsteres Bild. Nicht wenige Beschwerdeführer hätten „sich zunächst an die jeweilig zuständigen Sachbearbeiter der Pflegekassen gewandt, erhielten dort jedoch nur unzureichende Beratung und Auskunft. Andere mussten lange Wartezeiten auf schriftliche Reaktionen in Kauf nehmen oder waren nicht zufrieden mit Umfang und Qualität der dortigen Beratung." Die städtische Beschwerdestelle betonte: „Aus unserer Sicht sind die Sachbearbeiter in den Geschäftsstellen der Kassen häufig überfordert mit der Vielzahl rechtlicher Bestimmungen und Verfahrensweisen, ebenso wie mit der pflegefachlichen Einschätzung der Versorgungssituation." Andere entledigen sich auf sehr einfache Art und Weise ihrer Arbeit: „Manche Sachbearbeiter verweisen inzwischen direkt an die Beschwerdestelle."

Wer sich im Heim oder bei dessen Träger beschwert, muss zum Teil mit barschen Reaktionen rechnen. „Immer wieder wird uns berichtet, auf eine vorgetragene Beschwerde habe man die genervte Antwort erhalten: ‚Dann suchen Sie sich doch einen anderen Platz.'" Diese Haltung ziehe sich als „Modell" von der Leitungsebene bis hinab zur Mitarbeiterebene. „Das Beschwerdemanagement steckt nach unseren Erfahrungen vielerorts immer noch in den Kinderschuhen."

Angehörige machen die Erfahrung, dass auch andere Verwandte unzufrieden sind. Doch viele wollen nicht die Konfrontation mit dem Heim riskieren, weil sie befürchten, dass der Ärger dort auf dem Rücken der Pflegebedürftigen ausgetragen werden könnte: „Versuche, andere Angehörige zu gewinnen, um gemeinsam eine Verbesserung zu erreichen, scheiterten daran, dass viele der Angehörigen zwar die extrem schlechte Pflege beklagen, nicht aber bereit sind, sich dem Ärger auszusetzen, den ich nun schon eine Weile habe. Das macht die Situation noch hoffnungsloser. Ebenso die Tatsache, dass viele Heime Institutionen als Träger haben, die mit der aktuellen Politik derart eng verknüpft sind, dass schon aus diesem Grund eine Änderung der Situation auszuschließen ist. Es scheint gängige Praxis zu sein, kritische Angehörige massiv unter Druck zu setzen, bisher wohl auch mit Erfolg", schreibt ein frustrierter Beschwerdeführer.

Ein Berufsbetreuer, der sich als gesetzlicher Vertreter von Heimbewohnern über Unzulänglichkeiten bei der Heimleitung beschwert hat, berichtet, dass er von den betreuten Heimbewohnern gebeten wurde: „Bitte sagen Sie nichts, ich bekomme das wieder zu spüren."

Dennoch gibt es auch Beispiele dafür, dass der beharrliche Einsatz von Angehörigen durchaus Veränderungen erreichen kann. Eine Frau aus Nordbayern berichtete aus dem Heim, in dem ihre Mutter lebte, sie sei mit anderen Angehörigen ins Gespräch gekommen, wenn keine Pflegekräfte anwesend waren. Da hätten selbst die Angstvollsten, die sonst immer sagen, sie wollten keinen Ärger haben, zugegeben, dass sie ihre pflegebedürftigen Verwandten häufig in nassen Windeln vorgefunden hätten, dass diese zu wenig zu trinken bekämen. „Oder dass es nicht einmal ordentliche Duschstühle gibt und die Angehörigen einfach aufs Klo gesetzt werden beim Duschen, von wo sie dann reihenweise abrutschen, weil durch die Nässe alles glitschig wird." Trotz dieser Klagen seien die Angehörigen nicht bereit gewesen, die Anliegen bei Pflegekräften oder der Heimleitung vorzubringen oder gar die Heimaufsicht oder den Medizinischen Dienst einzuschalten. Die couragierte Frau hielt dem entgegen: „Wie wollen wir denn Vorsorge treffen für unser eigenes Alter, wenn wir heute nicht die Weichen stellen, indem wir den Mumm aufbringen, auch Anwürfe oder Schikanen auszuhalten?" Sie wolle sich gar nicht vorstellen, was in den Köpfen der Bewohner vorgehe, die noch geistig dazu in der Lage sind zu erfassen, wie frevelhaft oft mit ihnen umgegangen wird. Sie müssten erleben, „dass ihre eigenen Kinder sie dann sozusagen im Stich lassen". Weil Beschwerden nicht halfen, hat die Frau mehrmals Überprüfungen veranlasst. „Jedes Mal besserte sich etwas." So mussten auf jeder Station Kästen mit Getränken bereitgestellt werden. Der Umgangston besserte sich. „Meine Mutter, die im Rollstuhl sitzt, erhielt einen medizinischen Duschstuhl. Die Bäder, die nicht einmal ein Regal enthielten, um Wäsche unterzubringen, mussten nachgerüstet werden." Obwohl sich die Frau wegen ihrer Beschwerden sogar Pöbeleien gefallen lassen musste, fällt das Resümee der Frau positiv aus: „Ja, ich habe ständig kräftig eins draufbekommen. Aber die Schritt für Schritt zu erkennenden kleinen Verbesserungen lohnen das Aushalten."

Andere Heime sind schon weiter im Umgang mit Beschwerden. So schrieb der Geschäftsführer eines Hauses: „Trotz der hohen Arbeitsbelastung gibt es keinen legitimen Grund, dass Mitarbeiter auf Anliegen von Bewohnern und Angehörigen antworten, sie hätten keine Zeit." Natürlich sei es oft nicht möglich, Angelegenheiten sofort zu erledigen. „Wir haben unsere Mitarbeiter deshalb angewiesen, den Bewohnern in solchen Fällen eine zuverlässige Zwischeninformation zu geben und der jeweiligen Bitte schnellstmöglich nachzukommen." Der Geschäftsführer betonte: „Wir verstehen an uns gerichtete Beschwerden als Chance, unsere Dienstleistungsqualität zu verbessern. Wir dürfen Sie deshalb auffordern, weiterhin an der Entwicklung unseres Hauses mitzuwirken." Der Geschäftsführer betrachtet Beschwerden als „kostenlose Fortbildung" für sein Personal.

Natürlich soll nicht verschwiegen werden, dass es auch Angehörige gibt, die ihre Kritik derart unsachlich vortragen, dass es dem Personal schwer gemacht wird, auf berechtigte Anliegen zu reagieren. Wer Mitarbeiter als unfähig beschimpft, vielleicht auch noch vor anderen Ohrenzeugen, muss sich nicht wundern, wenn seine Beschwerden kaum Folgen zeitigen. Wer permanente, akribische Kontrolle ausübt, seitenweise Anweisungen an das Personal niederschreibt und versucht, die Mitarbeiter einzuschüchtern, wird damit kaum ein Klima schaffen, das für eine gute Pflege notwendig ist. Wer ständig darauf lauert, dem Personal irgendwelche Fehler nachzuweisen, um es dann lautstark an den Pranger zu stellen, muss damit rechnen, dass seine Auftritte als querulantisch abgetan werden. In solchen Fällen bleibt nach vergeblichen Anläufen zur Versachlichung nur noch der Weg, den Heimvertrag zu kündigen. „Das Heimvertragsverhältnis besteht aus gegenseitigen Rechten und Pflichten", hat ein Heimträger nach immer wiederkehrenden Konflikten und gescheiterten Vermittlungsversuchen mit der Tochter einer Bewohnerin geschrieben. „Sich auf Dauer den Beschimpfungen, Drohungen und dem Intrigieren von Angehörigen auszusetzen, gehört nicht zu den Pflichten, die wir als Träger gegenüber der Bewohnerin eingegangen sind."

Lange Zeit war das Thema Gewalt in der Pflege bei der öffentlichen Diskussion ein Tabu: Wer sich um andere Menschen kümmerte, ob als pflegender Angehöriger oder als professionelle Pflegekraft, dem wurden nur die besten Absichten unterstellt. Dass die Gesellschaft beginnt, sich mit dem Thema auseinander zu setzen, ist das Verdienst von Einrichtungen wie „Handeln statt Misshandeln", der von dem Gerontopsychiater Professor Dr. Dr. Rolf D. Hirsch gegründeten Bonner Initiative gegen Gewalt im Alter. Der Begriff der Gewalt ist dabei nicht auf körperliche Verletzungen beschränkt, sondern umfasst auch Vernachlässigung und psychische Misshandlung, etwa durch Anschreien oder Androhen von Gewalt. Alte, pflegebedürftige Menschen können sich gegen Übergriffe kaum zur Wehr setzen. Verwirrte Menschen sind nicht mehr in der Lage, ihren Willen zu äußern oder gar ihre Rechte durchzusetzen. „Wer sich in unserer Gesellschaft nicht äußern kann, wer über keine Lobby verfügt und sich durch andere vertreten lassen muss, wird mit Gleichgültigkeit bestraft", sagt Hirsch.

Auch „Schreibtischtäter" können verantwortlich für Gewalt sein, meint Hirsch. Er spricht von struktureller Gewalt, wenn beispielsweise alte Menschen dazu gezwungen werden, mit einer fremden Person ein Zweibettzimmer zu teilen. Oder aber wenn die Kontrolle von Einrichtungen unzureichend ist. Viele Angehörige sprächen Missstände nicht an, weil sie Angst vor Repressalien hätten. „Entscheidungsträger weisen jede Mitschuld weit von sich", berichtet Hirsch und erklärt: „Viele können gar nicht anders: Sie vereinen in ihrer Person oft ein politisches Mandat, sind Würdenträger eines Wohlfahrtsverbandes und stehen vielleicht auch noch der Heimaufsicht vor. In vielen Kommunen werden Heimaufsicht und Heimleitung von einer Behörde vertreten."

Für Hirsch stellt auch der „Mythos", bei Missständen in der Pflege handle es sich um Einzelfälle, eine Form von struktureller Gewalt dar: „Die gesellschaftliche Verleugnung der Altersdiskriminierung und der Tatsache, dass Gewalt gegen alte Menschen kein ‚Einzelfall', sondern ein ‚Massenphänomen' ist, führt zu einer weiteren Verharmlosung der Problematik und fördert das Schweigen über sie. Man glaubt – mit den Worten von Christian Morgenstern –, ‚dass nicht sein kann, was nicht sein darf'".

Wie groß das Ausmaß an Gewalt bei der Pflege in Heimen und in Familien ist, dazu gibt es bisher noch wenig Untersuchungen. Eine Ende der 80er Jahre in den USA veröffentlichte Repräsentativbefragung zeigte ein erschreckendes Ergebnis: 81 Prozent der Pflegekräfte gaben an, dass sie im Lauf des letzten Jahres beobachtet hätten, wie Arbeitskollegen Bewohner seelisch misshandelt hätten, etwa durch Anschreien (70 Prozent) oder Beleidigen (50 Prozent). 36 Prozent der Pflegekräfte nahmen körperliche Misshandlung wahr, vor allem den überzogenen Einsatz freiheitseinschränkenden Mitteln wie etwa Bauchgurten, aber auch Stoßen, Packen, Schubsen, Zwicken und Schlagen. Zehn Prozent der Befragten gestanden ein, selbst Bewohner körperlich misshandelt zu haben, 40 Prozent bezichtigten sich seelischer Misshandlung.

Die gewalttätigen Pflegekräfte seien unzufriedener mit ihrem Beruf und ihren Arbeitsbedingungen gewesen, berichtet der Psychologe Dr. Thomas Görgen, wissenschaftlicher Mitarbeiter des Kriminologischen Forschungsinstituts Niedersachsen. Außerdem neigten sie dazu, „Heimbewohner wie Kinder zu behandeln, mit ihnen in einer Quasi-Babysprache zu sprechen, sie als unmündig zu betrachten". Die Pflegekräfte wirkten ausgebrannt, erschöpft. Andere Forscher, so Görgen, der sich schwerpunktmäßig mit Misshandlung und Vernachlässigung älterer Menschen in privaten und professionellen Pflegebeziehungen beschäftigt, hätten festgestellt, „dass ein gewisses Maß an Fehlverhalten in manchen Einrichtungen den Pflegekräften von der

Leitung auf einer informellen Ebene als Ventil für Ärger, Gereiztheit und Überlastung zugebilligt wird. Sie fanden, dass vieles, was in Heimen geschieht, sehr stark von der Maxime des Funktionierens der Einrichtung, des Aufrechterhaltens des Betriebs bestimmt ist." Görgen betont, dass Gewalt in einer Vielzahl von Fällen das Ergebnis von Stress und Überforderung des Pflegepersonals sei. Es gebe aber auch Pflegekräfte, die für den Beruf nicht geeignet seien: „Die Gefahr, dass sich prinzipiell nicht geeignete Personen in einen solchen Arbeitsbereich ‚verirren‘, ist groß, wenn dieser von den Arbeitsbedingungen her wenig attraktiv ist; in das Berufsfeld gelangen dann auch unqualifizierte Mitarbeiter und Personen, die aufgrund auffälliger Verhaltensweisen und Persönlichkeitsmerkmale in anderen Arbeitsfeldern nicht zum Zuge kommen." Um Gewalt zu verhindern, müssten also die Arbeitsbedingungen in der Altenpflege verbessert werden. Dazu ist mehr Personal erforderlich, das außerdem besser ausgebildet und besser bezahlt wird.

Görgen setzt sich aber auch mit der öffentlichen Wahrnehmung von Gewalt gegen alte Menschen kritisch auseinander. In der Öffentlichkeit werde sparsam mit der Zuweisung von Täter- und Opferrollen gearbeitet, selten nach Strafe gerufen, sowie die schwierige Lage des pflegenden Gewaltausübenden anerkannt. All das sei gut und richtig, meint Görgen. Aber das Pflegestress-Modell sei keine Erklärung für alle Gewalt, es gebe keineswegs nur „grundsätzlich wohlwollende, aber überforderte und deshalb die Selbstkontrolle vorübergehend einbüßende" Täter und auf der anderen Seite nur „schwierige, in ihrer Persönlichkeit veränderte, am Zustandekommen der Gewalt nicht unbeteiligte Opfer".

Eine Logopädin, die regelmäßig zu einer Schlaganfallpatientin in einem Pflegeheim kam, schildert erschütternde Beobachtungen. Während der Therapiestunde hatte die Frau, die nicht mehr sprechen konnte, aber über ein ausgezeichnetes Sprachverständnis verfügte, Durchfall. Die von der Logopädin gerufene Pflegerin habe die Patientin angeschrien: „So ein Scheißjob, im wahrsten Sinne, jetzt kann ich wegen dir meine Pause vergessen." Die Pflegerin habe die halbseitig gelähmte Frau „allein nackt auf dem Klo sitzen" gelassen, „bei geöffneter Türe – diese Patientin konnte sich nur mühsam mit dem gesunden Arm festhalten. Die Pflegerin ließ sich Zeit und brachte in aller Ruhe die Windel weg." Die Logopädin hat auch erlebt, „dass die Heimbewohner bei solchen Aktionen unwirsch am Arm angepackt werden".

Über Angehörige gibt es ähnliche Berichte. Von der Ehefrau etwa, die sich ihren Lebensabend eigentlich anders vorgestellt hatte, als ihn mit der Pflege des Mannes zu verbringen, zu dem die Beziehung ohnehin nicht mehr die beste war. Alte Rechnungen werden beglichen: Der Unmut wird dann an dem Pflegebedürftigen ausgelassen, er wird grob angepackt, man lässt ihn warten oder macht das Badewasser ein bisschen heißer. Oder aber man gibt ihm immer wieder zu verstehen, dass man sich seinetwegen aufopfert und nichts mehr vom Leben hat. Finanzielle Abhängigkeiten machen die Situation noch schwieriger, etwa wenn der Sohn von der Rente der Mutter lebt, die er aber nur deshalb pflegt, damit seine Geldquelle nicht versiegt. Häufig sind die Angehörigen hoffnungslos überlastet, weil es keine bedarfsgerechten und bezahlbaren Entlastungsangebote gibt. Die Situation wird obendrein erschwert, wenn im familiären Hintergrund ungeklärte Konflikte bestehen.

Von Zeit zu Zeit werden Serienmorde in Pflegeheimen bekannt. Die Boulevardpresse stilisiert die Täter zu „Todesengeln" und bedient mit dem angeblichen Motiv „Mitleid" den Gedanken an die Erlösung von allen Übeln. In Report Mainz erinnerte der Psychiater Professor Karl H. Beine im Juni 2005 an die gesellschaftliche Verantwortung dafür, dass durch solche Botschaften die Hemmschwelle für die Tötungen sinke: „Das unbedachte Gerede vom Altenberg, von den Soziallasten, oder die unsägliche Diskussion darüber", ob man 70-jährigen Menschen noch ein neues Hüftgelenk zugestehen soll, habe dazu beigetragen, dass sich Täter „weniger gehemmt fühlen können als vor 15 oder 20 Jahren". Sie könnten sich vor diesem gesellschaftlichen Hintergrund der Abwertung und Herabwürdigung alter Menschen in der Illusion wiegen, „sie seien die Vollstrecker des heimlichen und unausgesprochenen Mehrheitswillens".

Die Kontrollinstanzen haben – anders als zu den Heimen – kaum Zugang zu der Pflege zu Hause. Die Heimaufsicht hat keine gesetzliche Grundlage, um zu überprüfen, was hinter der Wohnungstür geschieht. Versorgungssituationen in der Familie entziehen sich weitgehend dem Einblick. Die einzige Kontrollmöglichkeit ist der im Sozialgesetzbuch XI vorgeschriebene so genannte Beratungseinsatz durch einen anerkannten Pflegedienst. Die häusliche Pflege durch Angehörige wird bei einem angemeldeten Hausbesuch ein bis zwei Mal im Jahr „kontrolliert": In der Regel wird den Angehörigen bestätigt, dass „die Pflege gesichert ist".

Ambulante Pflegedienste werden meist nur so weit mit der Pflege beauftragt, wie die Leistung der Pflegeversicherung ausreicht. Viele Betroffene und Angehörige sind nicht bereit, darüber hinaus noch weitere Leistungen in Anspruch zu nehmen, selbst wenn sie in der Lage dazu wären, die Rechnung dafür aus eigener Tasche zu bezahlen. Auch ein engagierter Pflegedienst kann unter der engen zeitlichen Vorgabe der Gebührenvereinbarung mit der Pflegekasse Versorgungsmängel, die unter der Regie von Verwandten auftreten, nicht ausgleichen. Die Leiterin der Münchner Beschwerdestelle für den Altenpflegebereich, Kornelie Rahnema, spricht deshalb von einer „kaum auszuleuchtenden Grauzone von Überforderung, schwierigen Familienbeziehungen, unrealistischen Selbsteinschätzungen, finanziellen Interessenlagen bis hin zu Gefährdungen durch Machtmissbrauch und häusliche Gewalt". Kaum nachvollziehbar ist für die alten Menschen, für welche Leistungen Krankenversicherung, Pflegeversicherung oder Sozialämter zuständig sind. Oft lässt die Bewilligung von Pflegeleistungen, aber auch von Hilfsmitteln, wie etwa einem Rollstuhl, lange auf sich warten. Für die Betroffenen bedeutet dies eine belastende Ungewissheit.

Wie gut die Pflege zu Hause ist, lässt sich weit schwerer beurteilen als in den Heimen. „Ein Einblick in die tatsächliche Versorgungsqualität in der häuslichen Situation ist nur angemeldet möglich und muss immer die Aufteilung der Verantwortung zwischen Betroffenen, Angehörigen, Ärzten und Pflegedienst sowie die gewünschte und vereinbarte Vertragssituation berücksichtigen", betont deshalb Kornelie Rahnema. Prüfungen durch den Medizinischen Dienst der Krankenversicherung (MDK), der ja nicht unangemeldet in die Wohnungen gehen kann, können deshalb ins Leere laufen: „Uns ist bekannt geworden, dass einzelne Pflegedienste dem MDK Vorzeigepatienten präsentieren, die vorher entsprechend präpariert wurden", berichtet Frau Rahnema. Da sei zum Beispiel die Pflegedokumentation überarbeitet oder die Wohnung kostenlos geputzt worden.

Bei den Beschwerden über ambulante Pflegedienste dominiert Kritik an der Abrechnungspraxis und der Vertragsgestaltung. „Insbesondere kleine Pflegedienste verfügen oft nur über mangelhafte Kenntnis der rechtlichen Bestimmungen und notwendigen formalen Gestaltung von Verträgen und Abrechnungen. Dort, wo keine ausreichende und einfühlsame Erstberatung stattfand, waren Ärger, Unzufriedenheit und Beschwerden vorprogrammiert", hat Kornelie Rahnema festgestellt. Leider sei die Kontrolle der Vertragsgestaltung und Abrechnungspraxis der Pflegedienste durch die Kranken- und Pflegekassen „oft noch lückenhaft und bezieht sich nur auf den Bereich der Kassenleistungen", kritisiert die Expertin. „Bei steigenden Eigenanteilen der Betroffenen besteht ein nur unzureichender Verbraucherschutz gegenüber privatrechtlicher Vertragsgestaltung über die Kassenleistung hinaus."

Problematisch war die Pflegequalität bei Diensten mit niedrigem Fachkräfteanteil. Dort sei die Pflege von unzureichend angeleitetem und schlecht kontrolliertem Hilfspersonal durchgeführt worden. „Besonders kleine ambulante Dienste arbeiten eher aus dem Bauch heraus", sagt die Beschwerdestellenleiterin, statt mit gezielt eingesetzten Qualitätsstrukturen.

Die Palette der Mängel unterscheidet sich nicht wesentlich von jenen, die aus den Heimen bekannt sind: Da wird einer Frau ohne Grund die Zahnprothese nicht eingesetzt oder aber einem schwer kranken, abgemagerten Mann das Essen so lieblos angerichtet, dass er es ganz verweigert. Bei einem anderen gebrechlichen Mann, der unter Durchfall leidet, wird die Toilette trotz Vereinbarung nicht gesäubert. Unhygienisch vorgenommene Pflege, mangelhafte Flüssigkeitszufuhr oder gar eine Einsatzleitung, die bei der Tourenplanung häufig Patienten vergisst – die Bandbreite der Versäumnisse ist groß. Mal kommt ein Pflegedienst erst mittags statt morgens oder aber die Einsatzleiterin spricht morgens der Tochter der Pflegebedürftigen auf Anrufbeantworter, dass der Dienst die morgendliche Versorgung an diesem Tag nicht wie vereinbart durchführen kann. Pflegekräfte notieren zwar Schwindel und Schmerzen bei einer alten Frau, schalten aber keinen Arzt ein. Ein anderer Dienst lässt die verordneten Medikamente ausgehen, ohne etwas zu unternehmen. Im Wesentlichen unterscheiden sich auch nach Feststellung des Medizinischen Dienstes der Spitzenverbände der Krankenversicherungen sonst die Mängel nicht sehr von denen, die in den Heimen festgestellt werden. Der erste Pflegequalitätsbericht von 2004 kommt für die ambulante Pflege zu dem Ergebnis, dass bei 37 Prozent der untersuchten Personen Mängel bei der Ernährungs- und Flüssigkeitsversorgung vorliegen, bei 25 Prozent die Inkontinenzversorgung Defizite aufweist, bei 49 Prozent Versorgungsdefizite in der Dekubitusprophylaxe bestehen. Dennoch hält der MDS den Pflegezustand bei 91 Prozent der untersuchten Personen für angemessen (Heime: 83 Prozent). Ein Ergebnis, das Kornelie Rahnema angesichts der vielen aufgezählten Defizite für schwer nachvollziehbar hält. Und vom Ergebnis der Zufriedenheitsbefragung mit Werten von rund 90 Prozent hält sie nicht allzu viel – Hilflose in Abhängigkeitssituationen werden sich trotz zugesicherter Anonymität lieber positiv äußern, um negative Auswirkungen zu verhindern.

Eine Frau mit Pflegestufe III berichtet von ihrer Situation:

„Die Morgentoilette erfolgt doch in einer relativ schnellen Abfolge und ist auch täglich mit einer relativen Zeitungewissheit verbunden. Ob ich um acht Uhr, neun Uhr oder später aus dem Bett komme, ist mir bis zum Erscheinen des Pflegedienstes unbekannt. Das gilt auch für den Abend: So ist es nicht selten vorgekommen, dass ich in Hochsommermonaten bei schönem Wetter um 18.15 Uhr für das Bett fertig gemacht und ins Bett gebracht wurde. Die Pflegeleistungen laufen in einem Schnellverfahren ab, dass das Menschliche so richtig auf der Strecke bleibt." Die Frau muss Windeln tragen, weil der Pflegedienst nur drei Mal pro Tag kommt. Doch der Toilettengang lässt sich nicht immer nach diesen Zeiten planen. „So trinke ich zum Beispiel sehr wenig, damit ich nicht stundenlang in einer nassen Windel sitzen muss." Wer wollte diese Frau mit dem Gedanken trösten, dass die Pflege angeblich überwiegend angemessen ist? Vielleicht sollte ja die Formulierung eher lauten: Die Pflege ist dem finanziellen Aufwand in der Regel angemessen. Dem Menschen ist sie es jedenfalls nicht.

Wann immer Politiker sich zur Pflege äußern, versäumen sie es nicht, dem Personal für ihre aufopferungsvolle Pflege zu danken und es in Schutz zu nehmen gegen „pauschale Verunglimpfungen". Es sei unsäglich, die Probleme den Pflegekräften anzulasten, die Vorwürfe würden die Motivation untergraben. Kaum jemand traut sich anzusprechen, dass die Pflegequalität nicht nur von den finanziellen Rahmenbedingungen und der Personalsituation abhängt, sondern auch von der fachlichen und persönlichen Eignung der Pflegekräfte. Es gibt – wie in jedem Beruf – nun mal mehr und weniger geeignete Leute, mehr und weniger motivierte Mitarbeiter, mehr und weniger fachkundiges Personal. Das ist in der Pflege so, aber auch bei Journalisten und Sozialpädagogen nicht anders.

Ein spezielles Problem allerdings kommt bei einem Teil der Pflegekräfte hinzu: Die Altenpflege war lange Zeit ein Auffangbecken für Menschen mit sonst schlechten beruflichen Perspektiven. Wegen des enormen Personalbedarfs konnte praktisch jeder, der die Ausbildung formal abgeschlossen hatte, eine Stelle finden. Oft waren andere Zwänge entscheidend, wie etwa Arbeitslosigkeit. Auch Menschen ohne berufliche Qualifikation, die bei hoher Arbeitslosigkeit in vielen Berufsfeldern wenig Chancen hatten, eröffneten Umschulungen eine Aussicht auf einen Broterwerb. „Jahrzehntelang war die Altenpflege als ‚Restberuf' gekennzeichnet durch Probleme der persönlichen Motivation und Eignung und durch ein niedriges Niveau der früheren zweijährigen Fachausbildung", beschreibt Kornelie Rahnema, Leiterin der Münchner Beschwerdestelle für den Altenpflegebereich, das Problem. „Bei den derzeit vorhandenen Pflegekräften am Arbeitsmarkt gibt es eine erhebliche Bandbreite hinsichtlich Engagement und Fachkenntnissen." Drei Viertel aller Mängel im Verantwortungsbereich der Pflegekräfte sind nach Einschätzung der Beschwerdestelle auf „mangelnde persönliche und fachliche Kompetenzen und mangelndes Problembewusstsein zurückzuführen", beschreibt Kornelie Rahnema die Auswirkungen und resümiert: „Die Berufsmotivation eines Teils der Pflegenden entspricht nicht dem Idealbild einer ethisch reflektierten Tätigkeit in einem höchst sensiblen zwischenmenschlichen Beziehungsfeld der Altenpflege." Alarmierend auch Rahnemas Fazit zur Ausbildung: „Die Ausbildung der Fachkräfte und die Einarbeitung und Anleitung der Hilfskräfte genügen an vielen Stellen nicht den Anforderungen an den heutigen Stand der wissenschaftlichen Erkenntnisse zur Gestaltung des Pflegeprozesses."

Einziger Lichtblick: Einem fähigen Management könne es durchaus gelingen, fachlich wie menschlich geeignetes Personal zu gewinnen und zu halten und damit die Pflegequalität anzuheben. „Solche Beispiele guter Praxis darzustellen schafft aus unserer Sicht jedoch nicht die Voraussetzung, mit weniger geeignetem Personal ähnliche Ergebnisse erzielen zu können. Für die Gesamtsituation der Altenpflege kann es daher keine Entwarnung geben." Mit anderen Worten: Nur mit hervorragendem Personal und dessen großem Einsatz lassen sich die schlechten Rahmenbedingungen auffangen. Aber der Normalfall sieht leider anders aus: „An vielen Orten bestehen aufgrund dieser großen Personaldiskrepanzen konfliktträchtige Teamkonstellationen." Die wenigen guten Kräfte leiden unter Mobbing und fühlen sich, weil sie versuchen, Mängel durch erhöhten eigenen Einsatz auszugleichen, schon bald ausgebrannt. Dauerhaft sei damit Qualität nicht zu garantieren. Rahnema betont: „An der bisherigen Erfahrung, dass Qualität an einzelne Pflegekräfte gebunden ist und bei deren Weggang – oft wegen Überforderung, Frustration und Burn-out – wieder verlorengeht, hat sich aus unserer Sicht wenig geändert."

Dazu kommen auch erhebliche Mängel auf der Führungsebene: „Bei den Trägern und Führungskräften fanden wir Managementqualität auf sehr unterschiedlichem Niveau", berichtet Frau Rahnema über ihre Erfahrungen aus den Jahren 2003 und

2004. „Die gleichbleibend hohe Fluktuation der Führungskräfte – etwa ein Drittel pro Jahr in München – bietet weiter Anlass zur Sorge." Drei Viertel aller durch Recherchen bestätigten Beschwerdeinhalte, die sich auf Personal in der Führungsebene beziehen, seien auf Mängel in fachlicher und persönlicher Kompetenz und beim Problembewusstsein zurückzuführen. Kornelie Rahnema macht deshalb noch einmal klar, worauf die Träger bei der Führungskräfteauswahl achten sollten: „Führungsaufgaben in Pflegeeinrichtungen erfordern ein hohes Maß an Fachwissen in vielen Bereichen, persönliche Eignung auch für ein gelebtes Pflegeleitbild und die Aufgaben der Personalführung sowie transparente Kommunikations- und Verantwortungsstrukturen." Leider aber bewegten sich die gesetzlichen Vorgaben zur Qualifikation für Leitungskräfte immer noch auf einem niedrigen Niveau. Deshalb fordert die Beschwerdestellen-Leiterin: „Umso größer sollte das freiwillige Interesse der Träger sein, durch gezielte Personalauswahl Kompetenz und Kontinuität zu erreichen und zu gewährleisten."

Auch das Pflegepersonal selbst ist alles andere als überzeugt davon, dass die Betreuung im Heim gute Noten verdient. Für ihre 2003 veröffentlichte Dissertation hat Christina Dymarczyk vom Wirtschaftssoziologischen Institut der Universität Bonn 102 Mitarbeiter in acht Pflegeheimen befragt. Mehr als 60 Prozent der Befragten wollen niemals freiwillig in ein Pflegeheim einziehen. „85 Prozent legten besonders Wert auf die psychosoziale Betreuung", berichtete Dymarczyk. Doch aufgrund der hohen Arbeitsbelastung bleibe der soziale Kontakt und die individuelle Betreuung auf der Strecke, stattdessen herrsche Massenabfertigung und „deprimierende Ghetto-Atmosphäre" vor. 90 Prozent aller Pflegekräfte gaben an, sie fühlten sich zumindest zeitweise überlastet. Nach Angaben der Wissenschaftlerin hätten es die Befragten für besonders wichtig gehalten, dass die Intimsphäre und die Würde der Heimbewohner gewahrt werde. Freundlichkeit, keine Pflege bei offener Zimmertür, keine Babysprache – all das sollte eigentlich selbstverständlich sein, meint Dymarczyk. Doch offenbar ist auch dem Pflegepersonal mehr als bewusst, dass Anspruch und Realität sehr weit auseinander klaffen. So ist es auch nicht verwunderlich, dass viele Pflegekräfte höchstens fünf Jahre in ihrem Beruf durchhalten. Gegen die miserablen Arbeitsbedingungen zu kämpfen, dazu fehlt den meisten Altenpflegern die Kraft.

Herausragend war der Kampf der inzwischen leider verstorbenen Münchner Altenpflegerin Brigitte Nerger-Ziehr, die sehr bedauerte, dass sich ihre Kollegen ihr nicht angeschlossen haben: „Leider bin ich bislang so etwas wie eine Rarität, denn es gibt anscheinend keine andere Altenpflegerin in München, die es sich leisten kann, öffentlich zu berichten. Angst beherrscht die Berufsszene! Das ist ein großes Problem. Es ist mühsam und hart, sich als einziges Sprachrohr dieses Berufsstandes hinzustellen." Erstaunlicherweise würden selbst Kollegen, die sich im Gespräch untereinander ständig über die Situation in der Altenpflege beklagen, in der Öffentlichkeit behaupten: „Bei uns ist alles in Ordnung! Wir leisten Qualität!" Der „psychische und physische Hochdruck", unter dem die Pflegekräfte arbeiten müssen, lasse sie ihren „fast übermenschlichen Einsatz" mit qualifizierter Arbeit verwechseln. Trotz ihrer schweren Krankheit kämpfte Brigitte Nerger-Ziehr bis zuletzt für eine Verbesserung der Pflegebedingungen: „Mich lassen viele schreckliche Bilder – apathische, anklagende, verzweifelte, hilflose, wütende und traurige Gesichter, Schreie und Hilferufe – nicht los." Und sie fragte, warum es nicht mehr Mitstreiter auch aus anderen Bereichen gebe: „Wo sind die Menschen, die so wahrnehmen wie ich, die in den Heimen aus- und ein gehen und genau wissen, wie es dort aussieht, die nicht länger eine derartige ‚Pflegekultur', ein solches Menschenbild als Normalität betrachten wollen? Je besser wir aus- und fortgebildet sind, desto frustrierter sind wir, weil wir das Erlernte im Alltag nicht annähernd umsetzen können."

Niemand gibt gerne zu, dass er seine Arbeit nicht so erledigen kann, wie er sich das selbst wünschen würde. Wer es dennoch wagt, den Mund aufzumachen, setzt seinen Arbeitsplatz aufs Spiel, sieht sich nicht selten als Nestbeschmutzer diffamiert und wird zum Opfer von Mobbing, wie Berichte von Betroffenen beim Münchner Pflegestammtisch belegen. Die Angst vor arbeitsrechtlichen Konsequenzen verhindert bislang den kollektiven Aufstand. „Wir sollten alle am selben Strang ziehen für mehr Lebensqualität in den Pflegeheimen", lautet das noch immer nicht erfüllte Vermächtnis von Brigitte Nerger-Ziehr, „für mehr Lebensqualität in den Pflegeheimen für die alten Menschen, aber auch für viele Mitarbeiter, die unter der jetzigen Situation zu leiden haben."

Das Martyrium dauerte Monate. Entsetzlich waren die Schmerzen, unter denen die 95-jährige Frau litt. Sie konnte ihr Bett nicht mehr verlassen, war auf fremde Hilfe durch einen ambulanten Pflegedienst angewiesen. Aber niemand kümmerte es, dass sich an ihrem Körper vom langen Liegen große Druckgeschwüre entwickelten. Schnell entstanden an den absterbenden Stellen offene Wunden, die übelriechend eiterten. Doch die Höllenqualen der alten Frau blieben lange unbeachtet. Ihr Pfleger unternahm nichts – er hatte, wie sich erst später herausstellte, keine ordnungsgemäße Ausbildung. Alle anderen Beteiligten, durchaus beruflich so qualifiziert, dass sie der Frau hätten helfen können, wuschen ihre Hände in Unschuld: die Inhaberin des Pflegedienstes, ein im Notdienst tätiger Chirurg, die Hausärztin und die zur Qualitätskontrolle eingesetzte Pflegefachkraft. Erst nach einer anonymen Anzeige kam die alte Frau in eine Klinik, wo sie wenig später starb.

Die Süddeutsche Zeitung berichtete über den traurigen Fall unter dem Titel: „Das Prinzip Wegschauen": Jeder verlässt sich auf andere, niemand fühlt sich zuständig, keiner tut etwas. Dabei hätte jeder der Beteiligten dafür sorgen können, dass die 95-Jährige die dringend notwendige Therapie im Krankenhaus erhält. Fünf Menschen hatten mit der Frau zu tun, keiner hat ihr geholfen. Warum? Liegt es vielleicht daran, dass einem Menschen im Alter von 95 Jahren keine Lebensperspektive mehr zugebilligt wird („Der stirbt ja eh bald")? Wird ein alter und schwer kranker Mensch überhaupt noch als Mensch wahrgenommen? Und warum wird jeder noch so kleine Kratzer bei einem Kind sofort mit einem Pflaster versorgt, während die große, schwärende Wunde eines alten Menschen unversorgt bleibt? Selten beantragt die Staatsanwaltschaft Strafbefehle wie in dem eklatanten Fall der 95-Jährigen, wo es um fahrlässige Körperverletzung ging: Der Chirurg bekam eine Strafe von 40 Tagessätzen zu jeweils 250 Mark, die Hausärztin 30 Tagessätze zu 250 Mark und die Pflegedienstinhaberin 30 Tagessätze zu 100 Mark. Das Verfahren gegen die Pflegefachkraft wurde gegen Zahlung eines Bußgeldes in Höhe von 1500 Mark eingestellt. Noch seltener, als Strafbefehle ausgestellt werden, kommt es zur Anklageerhebung.

„Meist wird nach langwierigen Ermittlungen das Verfahren eingestellt", sagt der Münchner Rechtsanwalt Alexander Frey, der als Sprecher des Arbeitskreises gegen Menschenrechtsverletzungen in Heimen solche Fälle verfolgt.

So hat die Staatsanwaltschaft München I im Fall eines pflegebedürftigen 84 Jahre alten Mannes, der im Heim austrocknete, fast zwei Jahre lang gegen den Hausarzt und den Stationsleiter wegen des Verdachts der fahrlässigen Körperverletzung „durch Unterlassen entsprechender Flüssigkeitszufuhr" ermittelt und dann das Verfahren eingestellt, weil die Ermittlungen keinen genügenden Anlass zur Erhebung der öffentlichen Klage böten. Ein auf Grundlage der Krankenakten erstelltes Fachgutachten habe ergeben, dass die beim Patienten aufgetretenen Austrocknungserscheinungen „sich nicht mit an Sicherheit grenzender Wahrscheinlichkeit auf sorgfaltspflichtwidriges ärztliches bzw. pflegerisches Verhalten zurückführen lassen". So stelle der Gutachter zwar fest, „dass frühere und genauere Dokumentation der Flüssigkeitszufuhr seitens des Pflegepersonals sowie entsprechende ärztliche Anordnungen zur Sicherung einer Mindestflüssigkeitszufuhr geboten gewesen wären". Aber es lasse sich „nicht mit der für eine Verurteilung ausreichenden Sicherheit nachweisen", dass der Heimbewohner nicht auch ausgetrocknet wäre, wenn das Pflegepersonal und der Arzt ihren Pflichten nachgekommen wären. Denn bei dem Betroffenen bestanden mehrere Risikofaktoren, die ein Austrocknen begünstigten. „Verbleibende Zweifel über den Ursachenzusammenhang im rechtlichen Sinn müssen sich nach strafprozessualen Grundsätzen zugunsten der Beschuldigten auswirken", beschied der Staatsanwalt und stellte das Verfahren nach knapp zwei Jahren ein.

Anderswo geben sich Staatsanwälte weit weniger Mühe, wie ein Kripobeamter im vertraulichen Gespräch berichtet. „Ich stehe allein auf weiter Flur", sagt der Mann aus Hessen und zitiert einen Staatsanwalt, der die Ermittlungen wegen fahrlässiger Tötung mit den Worten kommentiert haben soll: „Schauen Sie doch einmal auf das Geburtsdatum. Sind wir doch ehrlich. Es ist doch vollkommen unerheblich, ob der Mensch mit 86 oder 87 Jahren stirbt. Hier müssen Sie etwas mehr Fingerspitzengefühl haben. Das lohnt sich doch nicht, dieser Aufwand."

Warum gibt es so viele schreckliche Bilder aus den Heimen, fast nie aber strafrechtliche Konsequenzen? Zumindest doch müssten Pflegefehler, die zu körperlichen Schäden bei den Betroffenen führen, wie etwa zu Austrocknung, Unterernährung, Druckgeschwüren oder Stürzen, die Frage aufwerfen, ob es sich nicht um fahrlässige Körperverletzung handelt.

Mit dieser strafrechtlichen Problematik hat sich das Robert Koch-Institut in einer Broschüre zum Thema Dekubitus auseinander gesetzt. Ein „Fahrlässigkeitsvorwurf im Hinblick auf Körperverletzung oder gar Tötung ist in den meisten Ermittlungsverfahren nicht zu erhärten. Die Beweisproblematik durch fehlende Dokumentation wirkt sich hier paradoxerweise oftmals entlastend aus." Das Problem: Im Todesfall lasse sich der ursächliche Zusammenhang mit dem Dekubitus häufig nicht mehr mit ausreichender Sicherheit beschreiben: „Zu oft sind Patienten mit weiteren, schweren Erkrankungen betroffen, deren wechselseitigen Abhängigkeiten klare Zuordnungen unmöglich machen." Ärzte sprechen von einem „schicksalhaften Verlauf". So bestehe bei Menschen mit infiziertem Dekubitalgeschwür und todesursächlicher Lungenentzündung regelhaft keine ausreichende Übereinstimmung zwischen dem Erregerspektrum in den beiden Infektionsherden. Die Folge davon ist klar: „Die Mehrzahl der strafrechtlichen Ermittlungsverfahren wegen fahrlässiger Tötung oder fahrlässiger Körperverletzung im Zusammenhang mit Dekubitus wird somit eingestellt und nur gelegentlich ein Bußgeld verhängt." Ein Staatsanwalt erklärte am Telefon, seiner Meinung nach seien Heime „weitgehend rechtsfreie Räume". Es bestehe kein gesellschaftspolitisches Interesse an der Aufklärung der Missstände.

Ist also eine Strafanzeige mangels eines eindeutig beweisbaren Zusammenhangs ein ziemlich stumpfes Schwert, so kann die Zivilklage mitunter mehr bewirken. Allerdings sind die Betroffenen selbst in der Regel nicht mehr in der Lage dazu. Ihre gesetzlichen Vertreter, zumeist Angehörige, sind durch die Pflegesituation so strapaziert, dass sie sich nicht auf einen Rechtsstreit einlasen wollen. Ein zivilrechtliches Verfahren kann aber durchaus mehr Chancen auf Erfolg haben, weil die Beweislastumkehr gegen den Beklagten drohe, wie das Robert Koch-Institut betont: „Die Dokumentation des professionellen Handelns wird dabei als Rechenschaftsverpflichtung gegenüber den Patienten und zugleich als therapeutische Pflicht zur sicheren Organisation einer angemessenen Versorgung gesehen." So gebe es bereits erste Verurteilungen zu erheblichen Schmerzensgeldzahlungen. Die Urteile beruhten auf dem Orientierungssatz, dass das Auftreten von Druckgeschwüren im Falle stationärer Krankenhausbehandlung eines schwerstkranken Patienten nicht auf dessen schlechten Gesundheitszustand zurückzuführen sei, sondern „regelmäßig auf schwere ärztliche Behandlungsfehler und grobe Pflege- oder Lagerungsmängel schließen" lasse. Verurteilungen könnten sich dabei auch gegen den Pflegeheimbetreiber richten, wenn versäumt werde, die Gefahrenlage beim Patienten sowie die ergriffenen Gegenmaßnahmen zu dokumentieren.

So sprach etwa der 1. Zivilsenat des Oberlandesgerichtes Oldenburg einer Pflegeheimbewohnerin ein Schmerzensgeld in Höhe von 35 000 Mark zu (Az: 1 U 121/98). Bei der verwirrten Frau hatte sich ein Druckgeschwür zweiten Grades zu einem Druckgeschwür vierten Grades entwickelt, das im Steißbereich eine Fläche von zehn mal fünf Zentimeter umfasste. Die Frau musste operiert werden, um das abgestorbene Gewebe abzutragen. Auch ein Teil des Steißbeins war bereits zerstört. Die Frau erhielt einen künstlichen Darmausgang, um das Abheilen der großen Wunde zu gewährleisten. Der Sachverständige stellte fest, dass eine fachgerechte Behandlung den schweren Verlauf hätte verhindern können. „Die Behandlung der Klägerin im Heim des Beklagten verstößt auch nach der Ansicht des Senats eindeutig gegen bewährte Pflegebehandlungsregeln und ist deshalb ein Fehler, der aus objektiver Sicht nicht mehr verständlich erscheint, weil er dem Pfleger schlechterdings nicht unterlaufen darf", begründete das Oberlandesgericht seine Entscheidung. „Das Pflegepersonal hat zu spät den Dekubitus erkannt, die Klägerin nicht einem Arzt vorgestellt und geeignete Maßnahmen (Dekubitusprophylaxe) nicht durchgeführt." Die Klägerin habe dem Pflegeheimbetreiber besonderes Vertrauen entgegengebracht, „sie war ihm und seinen Mitarbeiterinnen zur Pflege anvertraut und auf die Sorgfalt des Personals angewiesen. Die Klägerin konnte sich wegen ihres Zustands weder wehren noch Hilfe verlangen. Dadurch ist das entgegengebrachte Vertrauen missbraucht und enttäuscht worden." Die Frau habe mindestens zwei Monate an dem schmerzhaften Dekubitus gelitten, war sechs Wochen in der Klinik und musste einen künstlichen Darmausgang erhalten. Dies aber bedeute, dass der Alzheimer-Kranken nachts die Hände festgebunden werden mussten, damit sie sich den Beutel nicht von dem Darmausgang reiße.

Einem Kläger, der ein Druckgeschwür von 17 Zentimeter Durchmesser und sechs Zentimeter Tiefe mit teilweise freiliegender Wirbelsäule erlitten hatte, sprach der 5. Zivilsenat des Oberlandesgerichts Köln (Az: 5 U 19/99) ein Schmerzensgeld in Höhe von 25 000 Mark zu. Derart umfängliche und tiefgehende Geschwürbildungen könnten „schlechterdings nur auf einem gänzlich unzulänglichen Pflegestatus beruhen", befand das Gericht.

Doch viele Menschen haben angesichts des Leidens oder gar des Todes ihrer Angehörigen nicht die Kraft und die Nerven,

einen langwierigen und unter Umständen teuren Prozess durch-
zustehen, in dem alle Details einer schlechten Pflege noch einmal aufgerollt werden.

Warum lassen sich Verbesserungen so schwer durchsetzen? Es gibt immer wieder ermutigende Ansätze, immer wieder hier und dort kleine Fortschritte. Aber an der Situation insgesamt ändert sich nichts: Die Leiterin der Münchner Beschwerdestelle spricht von einer Grundversorgung auf niedrigem Niveau, die Münchner Heimaufsicht findet in keinem einzigen von 73 Münchner Heimen optimale Pflege vor. Vorherrschend ist die Routinepflege, allen Bemühungen der Stadt zum Trotz. Auf kommunaler Ebene lässt sich das Problem nicht lösen. Die Stadt kann die Situation ein wenig lindern, aber nicht grundlegend ändern. Professor Dr. Dr. Rolf D. Hirsch vom Gerontopsychiatrischen Zentrum der Rheinischen Kliniken in Bonn sieht darin ein gesellschaftliches Problem: „Wir haben in der Bundesrepublik eine Diskriminierung alter Menschen. Es gibt derzeit kein Gesetz speziell für alte Menschen wie in vielen anderen Ländern. Als man vor 40 bis 50 Jahren begonnen hat, sich um Kinder und Jugendliche zu kümmern, hat sich in diesem Bereich viel verändert. Vor 20 Jahren ging es um die Behinderten. Nun müsste endlich etwas für die Alten geschehen. Dazu wäre auch ein Umdenken notwendig."

Die Ehefrau eines alten Mannes, den sie regelmäßig im Pflegeheim besucht hat, schildert deprimiert ihren Eindruck: „Es wird hingenommen, dass Bewohner stundenlang schreien oder jammern, ohne dass sich jemand vom Personal ihrer annimmt. Es sind oft Besucher, die sich dann um die alten Menschen kümmern. Es fehlt die Ansprache." Heimbewohner hätten keine Lobby: „Ich habe den Eindruck, dass, wenn das Stadium des rüstigen Mallorca-, Fitness- und Konsumentenrentners überschritten ist, die Alten, die sich nicht mehr äußern und verteidigen können, abgeschrieben sind." Mit der Pflege im Minutentakt würden Pflegeheime als Verwahranstalten betrieben. Da von einem gewissen Alter an der Tod ja natürlich sei, frage niemand mehr, wie und woran die alten Leute gestorben seien. Vor allem frage keiner danach, wie sich das Leben von Menschen bis zum Tod lebenswert gestalten lasse. Wenn dasselbe, was alten Menschen angetan werde, Kindern geschehen würde, gäbe es einen Aufschrei in der Öffentlichkeit. „Aber alte Menschen sind nicht so niedlich, stehen nicht am Anfang des Lebens." Mehr noch – die öffentliche Diskussion um den demografischen Wandel zeigt es immer wieder: Offenbar leben sie zu lange und werden zum Kostenfaktor degradiert.

Um den Rechten alter Menschen Geltung zu verschaffen, fordert die Frankfurter Professorin Dr. Gisela Zenz vom Institut für Sozialpädagogik und Erwachsenenbildung, die familienrechtlichen Schutzmechanismen auf die wachsende Gruppe hochaltriger Menschen zu übertragen. Da jenseits des Alters von 80 Jahren sich körperliche und geistige Beeinträchtigungen häufen, entstehe ein immer stärkerer Versorgungsbedarf „bis hin zu extremer Abhängigkeit in sozialen Nahbeziehungen und Wehrlosigkeit gegenüber Vernachlässigung oder Misshandlung". Deshalb, so folgert die Expertin, sei die Situation „hochaltriger Menschen derjenigen von kleinen Kindern vergleichbar: beide Gruppen haben einen besonderen Schutz- und Versorgungsbedarf". Das Familienrecht habe im vergangenen Jahrhundert ein breites Spektrum von Kategorien, Prinzipien und Verfahren zum Schutz von Kindern entwickelt, wie es im Kinder- und Jugendhilfegesetz niedergelegt ist.

Ist das Kindeswohl gefährdet, schreiten Jugendämter und Gerichte nach festgelegten, abgestuften Vorschriften ein. Durch eine breite Palette an Hilfsangebote wird versucht, eine Herausnahme des Kindes aus der Familie zu vermeiden. Ähnlich vorstellbar wäre aber auch eine Ausgestaltung des Schutzes alter Menschen in ihrer Familie vor Vernachlässigung oder Gewalt. Die familienrechtliche Sicht ließe sich darüber hinaus auch auf Menschen im Pflegeheim übertragen. Denn die Übersiedlung ins

Heim, verbunden mit dem Verlust der vertrauten Umgebung, verursache gravierende psychische Belastungen, meint Gisela Zenz, „die in den Heimen, so wie sie im Durchschnitt heute sind, in keiner Weise aufgefangen werden können". Der alte Mensch werde den „Regeln und der (bestenfalls professionellen) Routine einer Institution unterworfen, die ihm fremd und oft unverständlich ist, der er sich aber nicht entziehen und die er auch kaum beeinflussen kann".

Zenz zählt die Bedingungen auf, wie Mitbewohner, die man sich nicht aussuchen kann, oder die Vielzahl wechselnder Pfleger. Individuelle Zeitrhythmen, Schlaf- und Essensgewohnheiten finden kaum Berücksichtigung. Statt Betreuung nach individuellem Bedarf gibt es Beruhigungsmittel, Bettgitter und Bauchgurt: „Das bedeutet häufig Immobilisierung und Förderung von Inkontinenz, also schwerwiegende, meist irreversible gesundheitliche Schädigungen und Beeinträchtigungen der Lebensqualität, die unzweifelhaft gravierende Verletzungen von Menschenwürde und Grundrechten darstellen." Zweckfreie, persönliche Zuwendung sei im Dienstplan des extrem überlasteten Pflegepersonals schon gar nicht unterzubringen. So komme es verstärkt zu Depressionen und psychischen Störungen. Psychotherapeutische Betreuung gebe es kaum.

Zenz fasst zusammen: „Nach heute wohl einhelligem Verständnis des Kindeswohls müsste eine vergleichbare Situation in einem Kinderheim zum Entzug der Heimkonzession führen." Erkenntnisse über Hospitalismus-Schäden bei Kleinkindern, Traumatisierung durch Trennungserfahrungen, die Wirkung mangelnder emotionaler Zuwendung und fehlender Kontinuität der Bezugspersonen hätten schließlich zu neuen Konzepten für die Kinderheime geführt. Statt Verwahranstalten gibt es heute familienähnlich geführte Kleingruppen. Die individuelle Entwicklung wird gezielt gefördert. Von einer solchen Zielsetzung sieht Zenz die geltende Heimgesetzgebung, „die noch immer um die Durchsetzung von Mindeststandards kämpft, weit entfernt". Und auch der Gedanke, Pflegefamilien Vorrang vor Heimen einzuräumen, wird zwar bei Kindern praktiziert, bei alten Menschen aber nur in seltenen Fällen.

So bleibt die Hoffnung auf ein Altenhilfegesetz, das analog zum Kinder- und Jugendhilfegesetz das Wohl der alten Menschen garantiert und durch ein abgestuftes Angebot an Hilfen sichert, aber auch bei Gefährdung den staatlichen Eingriff der Inobhutnahme vorsieht. Doch da schon Politiker danach trachten, das Recht auf Jugendhilfe unter einen allgemeinen Finanzierungsvorbehalt zu stellen, dürfte die Neigung nicht sehr groß sein, neue einklagbare Rechtsansprüche für Menschen zu schaffen, deren Leben von den meisten nur noch als Sterben gesehen wird.

„Das Pflegepersonal, das die täglichen Menschenrechtsverletzungen verantwortet oder zulässt, reproduziert im Grunde genommen nur das Menschenbild, das durch die Pflegeversicherung vorgegeben ist", sagte der frühere Richter und jetzige hessische Landtagsabgeordnete Dr. Andreas Jürgens bei einem Vortrag 1999 in Bremen. „Die Reduzierung von Menschen auf verwaltungsmäßig handhabbare und maschinenlesbar dokumentierte, in standardisierten Gutachten ermittelte Pflegebedarfe, die durch Pauschalen und Module teilbefriedigt werden, bewirkt gerade das, was immer bekämpft werden sollte durch eine sozialrechtliche Absicherung der Pflegebedürftigkeit, nämlich die Herabstufung von Menschen zum ‚Pflegefall‘." Jürgens betont: „Nicht die individuellen Bedürfnisse des Einzelnen, sondern seine bürokratische Handhabbarkeit sind Leitmotiv der Pflegeversicherung. Der Mensch wird definiert durch seine medizinischen Defekte, wird zurückgeworfen auf seine Hilflosigkeit in einem willkürlich herausgegriffenen Teilbereich seines Daseins." Jürgens ist sich deshalb sicher: „Viele nehmen die teils unhaltbaren Zustände in Pflegeheimen nicht als Verletzung der Menschenwürde wahr, weil sie ‚Pflegefälle‘ nicht mehr als gleichberechtigte Menschen erleben. Dieses Phänomen wurde durch die Pflegeversicherung nach meinem Eindruck eher noch verschärft." Vor der Einführung der Pflegeversicherung hätten wichtige Fragen geklärt werden müssen: „Ist diese Gesellschaft bereit, ein Recht auf menschenwürdige Pflege anzuerkennen? Ist sie vor allem bereit, die hierfür notwendigen finanziellen Mittel auch tatsächlich zur Verfügung zu stellen? Oder will sie sich mit der durch die Pflegeversicherung geschaffenen Illusion zufrieden geben, es werde doch für die Betroffenen schon gesorgt?"

Es scheint so, als sollte diese Illusion zeitlos gültig bleiben. In Zeiten des Sozialabbaus hat ein Altenhilfegesetz, das den Anspruch auf menschenwürdige Pflege konkret einklagbar macht, wohl kaum eine Chance.

Es ist immer das gleiche Ritual: Sobald ein konkreter Missstand bekannt wird, reagieren Heimträger, indem sie – wenn sie überhaupt so weit gehen – von einem „bedauerlichen Einzelfall" sprechen, den man „nicht verallgemeinern" dürfe. Funktionäre von Wohlfahrtsverbänden, Heimträgern, aber auch Pflegekräfte verteidigen ihre Arbeit als hervorragend und merken allenfalls an, dass diese wegen der „knappen Ressourcen", wegen der derzeitigen Rahmenbedingungen erschwert sei. Sie verwahren sich gegen Kritik, diskreditieren sie als emotional und pauschal, als „Stimmungsmache" oder „Skandalisierung" und unangebrachte Dramatisierung. Empörend und skandalös sind in den Augen der Verantwortlichen nicht die Zustände, sondern allein die Tatsache, dass über „angebliche Missstände" in den Medien – wahrscheinlich auch in diesem Buch – berichtet wird. „Berichte der Presse schüren nur Ängste und bringen den älteren Menschen nichts", wehrte sich ein Wohlfahrtsverband gegen eine „pauschale Diffamierung der Altenpflege", um dann mehr Personal für die Altenpflege zu fordern. Warum aber sollten die Kostenträger darauf reagieren, wenn Heimträger permanent behaupten, dass sie hervorragende Arbeit leisteten?

Unter diesem inneren Widerspruch leiden auch Pflegekräfte. So ärgerte sich eine stellvertretende Pflegedienstleiterin aus dem Saarland nach einem „negativ behafteten Bericht" über Pflegeheime: „Überall redet man nur über die katastrophalen Zustände in den Pflegeheimen, aber wir erhalten nicht die Möglichkeit, der Öffentlichkeit zu berichten, wie der wirkliche Zustand ist, wie viel wir mit wie wenig personellen Ressourcen für unsere Bewohner tun." Die Heimmitarbeiterin schildert dann ausführlich, dass dies nur auf Grund des weit über die Arbeitszeit hinausgehenden Engagements der Mitarbeiter in diesem Heim geschieht. Wenige Zeilen später versichert sie, „dass es sich mit Sicherheit, trotz aller Personalknappheit, um eine qualitativ hochwertige Pflege handelt". Dann ist doch alles in Ordnung, oder? Warum sollte eine qualitativ hochwertige Pflege durch Personalzuschaltungen noch hochwertiger und damit noch teurer werden.

So bleiben die seit Jahrzehnten vorgetragenen Forderungen der Heimträger nach Verbesserungen halbherzige Lippenbekenntnisse, die von den Kostenträgern nicht ernst genommen, sondern mit dem ebenso alten Argument der knappen Kassen abgewiegelt werden. Dabei können sich die Kostenträger darauf berufen, dass es sich nach Angaben der Heime bei Missständen ja nur um Einzelfälle handelt – zur großen Freude der Kostenträger, die deshalb auf eine grundsätzliche Korrektur verzichten können.

Dieses Spiel – man ist schier versucht, es abgekartet zu nennen – verhindert bereits seit Jahrzehnten grundlegende personelle Verbesserungen. Die Heimträger erhalten sich die billigeren, vermeintlich konkurrenzfähigeren Pflegesätze, und die Kostenträger sparen sich damit nicht unerhebliche Summen. Ein Heimleiter, der dagegen ankämpfte, spricht frustriert von „Brudermördern" unter seinen Kollegen, aber auch bei den Verbandsfunktionären. Der Heimleiter, der eine Verstärkung der Nachtwache erreichen wollte, musste sich sagen lassen, „dass doch die überwiegende Mehrzahl meiner Kollegen mit den von Kostenträgerseite angebotenen Pflegesätzen zufrieden seien. Wenn in den übrigen Einrichtungen unter diesen Bedingungen eine angemessene Versorgung offensichtlich möglich sei, dann müsse ich mich damit abfinden, dass ich natürlich auch nicht mehr bekommen könne." Ein Vorstoß unter Kollegen, die Zahlen auf den Tisch zu legen, um gegenüber den Kostenträgern besser argumentieren zu können, fand nicht die Zustimmung der Kollegen. Auch der eigene Spitzenverband wollte nichts davon wissen, und der Heimleiter fragt sich deshalb: „Was will man verbergen?" Im Übrigen sei es noch nicht einmal gelungen, Einigkeit darüber zu erzielen, auf welchem Niveau man die Messlatte für die Qualität ansetzt. Der Verband und etliche Kollegen plädierten, sie möglichst weit unten anzusetzen – es seien ja noch nicht alle Einrichtungen auf einem so hohen Niveau. Und ohnehin sei das doch alles nicht finanzierbar. Bei steigenden Pflegesätzen könnten außerdem Betten leer bleiben.

Wie wenig dringlich es den Heimträgern mit personellen Verbesserungen ist, zeigte sich nicht nur in Insiderkreisen, sondern auch für die Öffentlichkeit im Jahr 2000, als bayerische Heimträger für eine ganze Reihe von Pflegeheimen das Angebot der Pflegekassen und Bezirke zur Verbesserung des Personalschlüssels nicht nutzten. Obwohl Ende Februar 2000 insgesamt 545 Pflegesatzvereinbarungen ausgelaufen waren, hatten selbst einen Monat später 295 Heime noch keinen Antrag auf Neuverhandlungen gestellt, erklärte das Bayerische Sozialministerium. Die damalige bayerische Sozialministerin Barbara Stamm reagierte verärgert auf das Verhalten der Heimträger: „Ich habe dafür keinerlei Verständnis. Die Belange der Pflegebedürftigen ebenso wie die Belastungen der Pflegekräfte verlangen zwingend die konsequente Ausschöpfung des Angebots der Kostenträger. Qualitativ hochwertige Pflege und die Beschäftigungssituation des Pflegepersonals sind untrennbar miteinander verbunden." Doch die Personalkosten bestimmen wesentlich die Heimkosten. Offenbar versuchen manche Heime die Personalkosten deshalb gering zu halten, um andere Wettbewerbsnachteile durch einen günstigeren Preis auszugleichen, wie etwa bauliche Mängel, schlechte Lage und Ausstattung.

Angesichts solch inkonsequenten Verhaltens der Heimträger verwundert es nicht, dass die Kostenträger weiteren Personalaufstockungen ablehnend gegenüberstehen. Ohnehin müssen sie ja ebenso wenig wie die Verbandsfunktionäre den pflegebedürftigen Menschen bei den Pflegesatzverhandlungen persönlich in die Augen schauen und ihnen erklären, dass es zu teuer ist, den Bewohnern Zuwendung zu geben, Gespräche mit ihnen zu führen, sie auf die Toilette zu führen oder aber ihnen in der Sterbephase die Hand zu halten. Alles „Kaviarleistungen", überflüssiger Luxus, für den kein Geld da ist?

Doch den Nachweis, dass das Geld dafür wirklich nicht da ist, bleiben die Träger schuldig. Mit hinhaltendem Widerstand treten sie den Wirtschaftlichkeits- und Wirksamkeitsprüfungen der Pflegekassenverbände entgegen. Trägerverbände sind bereits für eine Abschaffung der Wirtschaftlichkeitsprüfungen eingetreten, die bislang noch kaum vorgenommen worden sind. Eine Überprüfung, ob ein Pflegeheim auch tatsächlich das Personal einsetzt, das in dem mit dem Kostenträger vereinbarten Pflegesatz vorgesehen war, sehen Heimträger nicht gern. So habe, wie die Begründung für den Entwurf des Pflegequalitätssicherungsgesetzes betont, eine Prüfung durch einen Medizinischen Dienst der Krankenversicherung in 22 Heimen im Jahr 2000 ergeben, dass in 18 Einrichtungen die im Pflegesatz einkalkulierte Personalzahl nicht eingehalten wurde. In acht Heimen fehlten bis zu drei Pflegekräfte, in sechs Einrichtungen 3,1 bis 9,9 und in vier Einrichtungen zehn und mehr Pflegekräfte. Die vertragswidrige Unterbesetzung von zehn Stellen verschaffe dem Heim einen Erlös von fast 400 000 Euro im Jahr, „dem keine entsprechende Leistung der Pflegeeinrichtung gegenübersteht".

Auf eine solche Praxis stieß auch die neue Mitarbeiterin eines großen Wohlfahrtsverbandes in Nordrhein-Westfalen. Dort seien, so berichtet die Frau, über Jahre hinweg in mehreren Häusern Stellen unbesetzt geblieben: „Die dafür vorgesehenen Gelder sind aus den Heimen rausgezogen und zweckentfremdet worden." Die Frau war entsetzt: „Die Heimleiter haben mir berichtet, unter welchen Umständen gepflegt werden musste, und dass Bewohner den ganzen Tag in ihrem Kot liegen mussten, weil zu wenig Personal da war."

Ist das kein Skandal, sondern Skandalisierung? „Noch nie wurde die gute Absicht des helfenden Menschen derart in Frage gestellt wie heute", beschwert sich ein Heimleiter aus Bayern generell und geißelt den Kampf gegen Missstände als populistisch. Pflegekräfte hätten mittlerweile „fast das Image von ‚Menschenschändern' erreicht, Pflegeeinrichtungen werden als halbseidene Unternehmungen wahrgenommen und Leitungskräfte geradezu kriminalisiert".

Im gleichen Atemzug aber wenden sich solche Heimleiter gegen die ihrer Meinung nach überzogenen Kontrollen. Dabei wünschen sich Angehörige pflegebedürftiger Menschen schon lange einen umfassenden Qualitätstest für Pflegeheime nach dem Vorbild der Stiftung Warentest. Die aufwändige Pionierarbeit dafür lieferte 2004 der Medizinische Dienst der Krankenversicherung (MDK) in Bayern. Im Auftrag der Pflegekassen hat das Ressort Pflege des MDK unter der Ärztlichen Leiterin Ottilie Randzio Bewertungskriterien und Maßstäbe entwickelt. Im Fachjargon heißt der auf dem Pflegequalitäts-Sicherungsgesetz aufbauende Test „Wirksamkeitsprüfung". Er misst die Pflege an den Zielvorgaben des Sozialgesetzbuchs: Dazu gehören ein möglichst „selbstbestimmtes Leben" sowie eine „humane und aktivierende Pflege unter Achtung der Menschenwürde". Die Betreuung sollte sich am „allgemein anerkannten Stand medizinisch-pflegerischer Erkenntnisse" orientieren.

Wie lassen sich daraus Noten für die erbrachte Leistung ableiten? Die MDK-Expertengruppe aus Ärzten und Pflegekräften entwickelte aus ihren in 3000 Heimprüfungen gesammelten Erfahrungen und der Auswertung der Literatur letztendlich 14 „Ergebnisindikatoren", die mit vier Noten bewertet werden und mit unterschiedlicher Gewichtung ins Qualitätszeugnis eingehen. So zählt die Bewertung, wie dem gefürchteten Wundliegen vorgebeugt wird, sechsfach. Wundliegen ist für die Betroffen nicht nur sehr schmerzhaft – wenn es unbehandelt bleibt, führt es zu einem qualvollen Tod. Weitere Indikatoren sind zum Beispiel Pflegezustand (einschließlich Kleidung), Nahrungs- und Flüssigkeitszufuhr, psychische und körperliche Aktivierung oder auch Kommunikation. In jedem Bereich wird in vier Stufen bewertet: Ist die Pflege „defizitär", erleidet der Bewohner Schaden? Das entspricht der schlechtesten Note, der Eins. Ist die

Pflege „passivierend", wird der Bewohner zwar versorgt, aber auf seine Fähigkeiten und Wünsche geht niemand ein – Note Zwei. Wenn der Bewohner gefördert wird, handelt es sich um „aktivierende Pflege" – Note Drei. „Ganzheitlich-aktivierende Pflege", die Bewohner und Angehörige mitgestaltend einbezieht, erhält die Bestnote Vier.

Zehn bayerische Heime, die sich freiwillig meldeten, hat der MDK danach überprüft, durch Interviews mit den Pflegefachkräften, Befragung und Untersuchung der Bewohner sowie Analyse der Pflegedokumentation. Die anonymisierte Auswertung, die Ottilie Randzio 2004 beim Münchner Pflegestammtisch erstmals öffentlich vorstellte, ergab, dass nur in sieben der zehn Heime die Pflege den Mindestanforderungen genügt: Mit Gesamtwertungen von 2,52 bis 2,91 liegen sie zum Teil nur knapp über der Grenze von 2,5, bei der die aktivierende Pflege beginnt. Drei Heime dagegen kommen über passivierende Pflege nicht hinaus. Eine genauere Noten-Analyse des schlechtesten Heims zeigt, dass dort die Leistung mit dem Grad der Pflegebedürftigkeit deutlich abfällt. Das sei sehr typisch, sagt Frau Randzio: „Unter Stress, wenn zu wenig Personal da ist, werden zuerst die Bewohner versorgt, die sich am ehesten noch selbst melden können." Die Menschen, die am schlechtesten dran sind, werden dort am ärgsten vernachlässigt, vor allem bei zeitintensiven Aufgaben wie der Ernährung und der psychosozialen Betreuung. In der besten Einrichtung dagegen sind solche Unterschiede nicht festzustellen – sie bietet über alle drei Stufen der Pflegebedürftigkeit hinweg ein gleichbleibendes Qualitätsniveau.

Das Test-Urteil „sehr gut" aber wird wohl kein Heim in absehbarer Zeit erreichen, bedauert Ottilie Randzio: „Unter den derzeitigen finanziellen und personellen Bedingungen ist das zwar bei einzelnen Indikatoren unter erheblichem persönlichen Einsatz des Personals möglich, aber insgesamt eher unwahrscheinlich."

Ein Heimleiter zweifelte nach dem Testergebnis das Bemühen um Objektivität an und meinte, man müsse doch wenigstens „ein grundsätzlich positives Herangehen an die sozial arbeitenden Einrichtungen erwarten können". Mit Kritik kann der Heimleiter nicht leben, denn er unterstellt dem Kritiker, dass ihm „alle Mittel recht scheinen, die Menschen niederzumachen, die sich seit Jahren an der Basis sozial engagieren und mit den hilfebedürftigen Menschen im direkten täglichen Kontakt arbeiten". Man brauche sich nicht zu wundern, wenn bei dieser Öffentlichkeitsarbeit „immer weniger junge Leute bereit sein werden, in diesen ‚ach so miesen Pflegeheimen' zu arbeiten". Das also ist die Botschaft: Wer über Missstände schreibt oder spricht, ist schuld, wenn alles noch schlimmer wird. Schuld war schon immer der Überbringer der schlechten Nachricht. Der muss Angst um seinen Kopf haben, während die Verantwortlichen für die Missstände – dazu gehören auch die Politiker, die sie tatenlos zulassen – ungeschoren davonkommen. Das ist keine Skandalisierung, sondern ein Skandal.

Egal, welche und wie viele Mängel und Versäumnisse bei der Pflege älterer Menschen bekannt werden, grundsätzlich wird der Träger eines ambulanten Dienstes oder eines Heimes leider nur in seltenen Ausnahmefällen seine Verantwortung dafür einräumen. Das Höchstmaß an Eingeständnis ist erreicht, wenn der Träger versichert, dass es sich um einen bedauerlichen Einzelfall handelt. Doch so lange wie möglich wird auch der abgestritten, statt dessen verweist der Träger gern auf ein „zertifiziertes Qualitätssicherungssystem, das den ständigen Verbesserungsprozess intern und extern überwacht". Prozess- und Ergebnisqualität würden laufend geprüft, so dass auch auf individuelle Fehler entsprechend reagiert werden könne.

Sollte das als Argument nicht überzeugen, wird nachgelegt: „Unsere Mitarbeiter machen im Rahmen der vorgegebenen Bedingungen eine gute Arbeit und haben Anerkennung verdient und nicht die Diffamierung eines ganzen Berufsstandes." Den Medien, die über die angeblichen Einzelfälle berichten, wird dann „Skandalisierung" vorgeworfen. Die Politik versucht abzuwiegeln, wegen „ein paar schwarzen Schafen" dürfe man doch nicht einen ganzen Berufsstand pauschal diffamieren und kriminalisieren. „So pauschal kann man das nicht sagen, das kann man nicht verallgemeinern", solche Aussagen sollen Missstände als einzelne, schicksalhaft hinzunehmende Ereignisse charakterisieren.

Erst wenn der Unmut der Öffentlichkeit zu groß wird, sieht sich die Politik gezwungen zu handeln. Mandatsträger stellen dann Anfragen – sie stehen am Anfang der fein abgestuften Reaktionsrituale. Beschäftigt sich die Öffentlichkeit länger damit, muss etwas getan werden. Wenigstens sollte es den Anschein haben, dass die Politik etwas unternimmt. Das lässt sich erreichen, indem man Arbeitsgruppen einsetzt oder, in der moderneren

Variante, einen Runden Tisch. Dort treffen sich dann wieder einmal all jene, die das Elend der Pflege schon seit Jahren kennen, und tun so, als müsse man neue Erkenntnisse sammeln. „Da besteht noch dringender Diskussionsbedarf", lautet eine beliebte Formulierung, um zu vermeiden, dass allzu schnell allzu konkrete Ergebnisse vorliegen. Oder: „Wir brauchen noch vertiefende Erkenntnisse." Alternativ: „Wir müssen/sollten darüber nachdenken." Natürlich wird auch nicht versäumt, gleichzeitig vor „blindem Aktionismus" zu warnen. Solides Handeln soll dagegen die Aussage signalisieren: „Es wird an einem Eckpunktepapier gearbeitet." Wahlweise können das auch „Richtlinien", „Absichtserklärungen", „Handlungsempfehlungen", „Positionspapiere" oder gar „Denkpapiere" sein. Sind solche Papiere nach quälend langem Diskussionsprozess zu harmlosen, unverbindlichen Aussagen auf dem kleinsten gemeinsamen Nenner entstellt worden, präsentiert man das bescheidene Ergebnis als „freiwillige Selbstverpflichtung" oder „Resolution" der inzwischen kaum mehr interessierten Öffentlichkeit mit den Worten: „Wir konnten alle Beteiligten zu einem Bündnis mit ins Boot holen und sind so einen entscheidenden Schritt vorangekommen."

Brandet neuer Unmut in der Öffentlichkeit auf, dann lädt die Politik zu einer Anhörung oder einer Fachtagung ein und gibt im Anschluss gern eine vertiefende Untersuchung oder eine Studie in Auftrag. Das dauert natürlich und nährt die berechtigte Hoffnung, dass bis zum Vorliegen der Untersuchung das zu Grunde liegende Ereignis längst wieder vergessen ist. Außerdem hat es den Vorteil, dass die Aussagen solcher Studien dank Fachsprache und vorsichtiger Formulierung selten so geartet sind, dass sich daraus ein konkreter, akuter „Handlungsbedarf" ergeben würde. Vage Formulierungen, wie „mittelfristig" oder „langfristig" sei „anzustreben", machen jedem klar, dass sich so schnell nichts ändern lässt. Da braucht es dann erst Bedarfsstudien sowie empirische Vergleichs-, Machbarkeits- und Langzeitstudien – erst wenn es gar nicht mehr anders geht, wird ein kleines „Modellprojekt" beschlossen, selbstverständlich mit wissenschaftlicher Begleituntersuchung. Zwischenberichten folgt die Verlängerung der Erprobungsphase, und wenn schließlich das Projekt „evaluiert" ist, dann wird um die Frage gerungen, ob es flächendeckend einführbar ist. Da das dann Geld kostet, steht natürlich immer in Frage, ob sich das Modellprojekt „übertragen" lässt. Günstigstenfalls gibt es weitere Arbeits- und Unterarbeitskreise, die sich mit der „Implementierung" der Erkenntnisse beschäftigen. Tatsächlich verschwinden diese dann in den Schubladen, wo sie verstauben. In Fachpublikationen ist bereits alles veröffentlicht. Das Gedächtnis der Öffentlichkeit ist kurz. Und wenn es gar nicht mehr anders geht, installiert man einfach ein neues Modellprojekt, das dann wieder für eine Weile als Vorzeigeobjekt dient unter dem Motto: „Schaut her, wir tun doch was."

Doch spätestens wenn die Modellphase beendet ist und der Abschlussbericht vorliegt, ist wieder klar, dass die „Anschlussfinanzierung" schwierig wird. Denn, wie so üblich, sind immer verschiedene Kostenträger beteiligt: Krankenversicherung, Pflegeversicherung, Sozialhilfeträger können so die Verantwortung trefflich hin- und herschieben. Der eine verweist auf den anderen, aber insgeheim sind sie sich einig: Wir wollen kein Geld dafür ausgeben. „Wünschenswert, aber nicht finanzierbar", heißt es dann. Die Beteiligten kennen einander wie auch die jeweiligen Argumente gut, weil sie schon in einer Vielzahl von Arbeitsgruppen, Tagungen oder Runden Tischen beisammensaßen und immer wieder die gleichen Erkenntnisse beredet haben. Natürlich besteht der aufrichtige Wunsch, die Pflege zu verbessern, dazu werden auch unablässig Papiere und Protokolle produziert. Wer das alles liest, wird das Gefühl nicht los, es handelt sich um austauschbare Textbausteine. Nur steht über allem das ungeschriebene Gesetz: Die Pflege darf nicht mehr kosten.

Dort aber, wo, wie in München, die Probleme erkannt werden, besteht nur wenig Handlungsspielraum: Die Stadt hat zwar – als freiwillige Leistung – ein Soforthilfeprogramm zur Verbesserung der Situation gestartet. Das aber kann nur eine kleine

Notlösung sein, weil unter den Bedingungen der Pflegeversicherung öffentliche Zuschüsse an Heime praktisch nicht mehr möglich sind. So herrscht zwar parteiübergreifend auf örtlicher Ebene Einigkeit darüber, was getan werden müsste, um zu einer besseren Pflege zu kommen. Aber in Berlin, wo die gesetzlichen Weichen gestellt werden müssten, stoßen solche Forderungen bei den Parteifreunden auf taube Ohren.

„Unsere Gesellschaft stellt trotz steigenden Bedarfs nicht mehr Geld für die Altenpflege zur Verfügung, die Pflegeversicherung ist gedeckelt geblieben", erklärte 2003 der Münchner Oberbürgermeister Christian Ude (SPD), der den Kampf für eine bessere Pflege zur Chefsache gemacht und 1997 die bundesweit erste kommunale Beschwerdestelle für den Altenpflegebereich eingerichtet hat. „Da die Verbraucherpreise seit 1996 um etwa acht Prozent und die Arbeitskosten um etwa zehn Prozent gestiegen sind, entstehen immer größere Deckungslücken gegenüber dem tatsächlichen Bedarf, besonders in den Pflegestufen II und III. Individuelle, bedarfsgerechte Pflege – über die Grundversorgung hinaus – wird damit nicht finanziert und findet nicht statt." Ein deprimierendes, immer noch zeitlos gültiges Fazit, das bei den Bundespolitikern nicht zur Kenntnis genommen wird, obwohl Ude die zentrale Forderung immer wieder erneuerte: „Auch wenn es überhaupt nicht in die politische Landschaft und zur aktuellen Haushaltslage passt: Menschenwürdige Zustände in der Altenpflege sind ohne höheren Mitteleinsatz nicht zu bekommen. Kostenneutrale Gesetze des Bundes zeugen zwar von gutem Willen und benennen auch richtige Ziele, verbessern aber die tatsächlichen Verhältnisse kaum in spürbarer Weise." Die Mangelsituation in der Altenpflege sei so nicht zu beheben: „Die Politik, aber auch die Träger und die Bürger müssen so ehrlich sein, offen zuzugeben, dass eine individuellere Pflege mehr Zuwendung, also mehr Personal- und Arbeitszeit sowie bessere Ausbildung und Fortbildung erfordert, also mit einem Wort: mehr Geld." Deshalb rief Ude die Medien dazu auf, „gegen den Zeitgeist, der von der Sozialpolitik nur Kostensenkungen fordert", anzuschreiben und „ein größeres finanzielles Engagement" zu verlangen, „damit die ältesten und schwächsten Glieder der menschlichen Gemeinschaft menschenwürdige Zustände erleben können".

Zwei Jahre später, 2005, bilanziert der Münchner Oberbürgermeister bereits nüchterner, dass es nicht gelungen sei, die Rahmenbedingungen zu verbessern: Der davon diktierte Zeitdruck führe zu „Lieblosigkeit und routinemäßiger Schnellerledigung" in der Pflege. Es gebe daher nur eine „Stabilisierung der Lage auf niedrigem Niveau". Wegen des demografischen Wandels und des medizinischen Fortschritts dürften sich die Probleme in den nächsten Jahren noch verschärfen. Doch weder in der bundesdeutschen Öffentlichkeit noch in der Politik sei zu erkennen, dass den wachsenden Problemen wachsende Aufmerksamkeit geschenkt werde. Stattdessen „greifen die Verdrängungsmechanismen immer mehr um sich".

Obwohl Münchens Kommunalpolitiker aller Parteien seit acht Jahren – einig wie sonst selten bei einem Thema – für bessere Pflegebedingungen kämpfen, bewegt sich in der Bundespolitik nichts. „Trotzdem führt kein Weg an der Erkenntnis vorbei: Wenn wir die Zustände im Pflegebereich, die Behandlung alter, mehrfach kranker und dementer Patienten für unzulänglich halten und mit unseren Idealen der Menschenwürde nicht in Einklang bringen können, müssen wir mehr Geld bereitstellen, um menschenwürdige Zustände zu schaffen", sagt Münchens Sozialbürgermeisterin Gertraud Burkert. „Natürlich müssen sämtliche Möglichkeiten ausgelotet werden, die vorhandenen Mittel optimal einzusetzen, organisatorische Strukturen zu verbessern und die Qualität auch ohne erhöhten Mitteleinsatz zu steigern. Dies ist alles richtig, hilft aber nicht über die Tatsache hinweg, dass wir eine wirklich menschenwürdige Pflege mit ausreichender fachlicher Betreuung und menschlicher Zuwendung, wie sie jeder von uns im Falle eigener Betroffenheit den eigenen Eltern wünschen würde, ohne deutlich erhöhten Finanzaufwand nicht bekommen werden."

Doch wem hilft diese Erkenntnis, wenn in Berlin noch immer weitgehend bestritten wird, dass unter den heutigen Pflegebedingungen die Menschenwürde verletzt wird. Wenn der Schichtplan diktiert, wann Menschen essen, trinken, schlafen müssen und zur Toilette gehen dürfen, werden diesen Menschen die letzten Möglichkeiten genommen, über ihr Leben zu bestimmen. Niemand kann das eigentlich wirklich wollen – aber wir alle lassen das zu. Eine besonders verhängnisvolle Rolle spielen dabei die Heimträger. So hatten die Kostenträger in Bayern nach dem öffentlichen Aufstand gegen die Missstände in Heimen einem geringfügig höheren Personaleinsatz zugestimmt. Aber tatsächlich machte nur etwa die Hälfte der Pflegeeinrichtungen in Bayern davon Gebrauch, den Personalschlüssel zu verbessern, manche blieben sogar noch deutlich unter dem alten. Offenbar fürchteten einige Träger die geforderte Transparenz. Hinzu kommt widersprüchliches Verhalten: So prangern zwar die Wohlfahrtsverbände bundesweit die schlechten Bedingungen für die Pflege an, behaupten aber gleichzeitig, dass sie selbst gute Pflege leisteten. Das Leugnen der Missstände und das Herunterspielen zu Einzelfällen sind verhängnisvoll, denn damit eröffnen die Verbände der Politik den Weg, sich ungerührt ihrer Verantwortung zu entziehen.

„Der Heimalltag ist ein Skandal", schreibt ein frustrierter Mitarbeiter einer Heimaufsichtsbehörde. „Es ist ein Skandal, für den sich so gut wie kein Mensch interessiert. Die Politiker und Behörden nicht, die Verbandsfunktionäre nicht, die Bürger auch nicht. Es sei denn, sie selbst oder ihre Angehörigen kommen in den zweifelhaften Genuss, ‚Heiminsasse' zu werden." Die Heimaufsicht sei das Deckmäntelchen für die Unlust der Verantwortlichen, irgendetwas zu verändern. Anders als bei der Stadt München, die sich eine schlagkräftige, selbstbewusste Heimaufsicht leistet, sind viele dieser Kontrollbehörden miserabel besetzt. Das habe Methode, erklärt ein Insider, und fragt, ob jemand ernsthaft glaube, „ein Landrat oder Oberbürgermeister möchte, dass ruchbar werden könnte, in einem seiner Heime in seinem Landkreis oder in seiner Stadt ist die Pflege nicht gut genug." Oder dass er zugibt, dass dort Bewohner „so gut wie keine Zuwendung" erhalten, „auch bei angenehmsten Temperaturen nicht an die frische Luft gebracht" werden, unnötig Magensonden gelegt bekommen, fixiert und sediert werden. Jeder wisse, dass es sich bei diesen Mängeln nicht um Einzelfälle handle, dennoch werde das Gegenteil behauptet und versichert, dass sonst bekanntlich gute Arbeit geleistet werde. „Man dürfe nicht immer alles schlecht reden", heißt es dann. In Polen, der Ukraine oder gar in Burkina Faso sei die Situation noch viel schlechter. „So ist es immer, jeder verweist auf viel schlechtere Zustände in anderen Ländern." Nur wenn es um die eigenen Gehälter gehe, dann sei von solchen Ländern natürlich nicht die Rede. Besonders verbittert ist der Mitarbeiter über das Verhalten der Verbandsvertreter: „Hinter vorgehaltener Hand wird gejammert, was das Zeug hält." Missstände aber würden abgestritten nach dem Motto: „Doch nicht in unseren Heimen, aber doch bei uns nicht. Wir leiden zwar unter den finanziellen Gegebenheiten. Aber in unseren Heimen ist alles in Ordnung. Und kleine Fehler und Versäumnisse gibt es doch wohl überall." Genau jene Funktionäre führten dann auf Tagungen und bei Runden Tischen das große Wort und redeten die Heimrealität gegenüber Politikern schön: „Man will ja auch weiterhin wichtig bleiben, gefragt und eingeladen werden. Da darf man nicht negativ durch Genörgel auffallen."

Aufmüpfiges Personal wird schnell mundtot gemacht: „Wer vom Personal meckert, kriegt eben die unangenehmsten Dienste aufgebrummt, wird geschnitten und ignoriert." Die Pflegekräfte hätten Angst um ihren Arbeitsplatz, auch die meisten Angehörigen hielten still, damit die Mutter oder der Vater im Heim nicht darunter zu leiden hätten. Der Heimaufsichtsmitarbeiter, der das Elend der Pflege aus eigener Anschauung kennt, ist davon schwer erschüttert: „Ich habe erstmals mehr Angst vor einem Aufenthalt im Pflegeheim als vor dem Tod selbst. Und eine Zeile aus dem Song ‚My Generation' geht mir nicht aus dem Kopf, auch wenn er damals ganz anders gemeint war: ‚Let me die before I get old!' (Lass mich sterben, bevor ich alt werde.)" Denn bisher sind nicht einmal die Mindestanforderungen für eine menschenwürdige Grundversorgung in Pflegeheimen erfüllt.

Wenn nach vielen Mühen tatsächlich einmal eine „Charta der Rechte der hilfe- und pflegebedürftigen Menschen" formuliert wird, wie sie eine Arbeitsgruppe des von der Bundesregierung eingesetzten „Runden Tisches Pflege" entworfen hat, dann treten die Verbände im letzten Moment auf die Bremse. Der Entwurf der Charta fasst in acht Artikeln alle Rechte zusammen, die sich aus dem Grundgesetz und verschiedenen Gesetzen ableiten lassen. In ausführlichen Kommentierungen wird jeweils erläutert, welche Empfehlungen sich aus dem jeweiligen Artikel ableiten lassen. Dabei handelt es sich um Qualitätsansprüche, die für eine menschenwürdige Pflege und für menschenwürdige Arbeitsbedingungen in der Pflege schon längst selbstverständlich sein sollten. Da steht zum Beispiel, dass Pflegebedürftige das Recht haben sollten, ihren Tagesablauf selbstbestimmt zu gestalten und die dazu erforderliche Hilfestellung zu erhalten. Oder aber vor Vernachlässigung geschützt zu werden. Lebenshintergrund und Gewohnheiten sind in die Pflege einzubeziehen, Wünsche und Bedürfnisse beim Essen und Trinken zu beachten. Alles keine Sensationen. Ein weiteres Beispiel: „Sie haben das Recht, Hilfe zu erhalten, um Ihre Ausscheidungen Ihren Bedürfnissen und Wünschen entsprechend verrichten zu können." Oder: „Sie haben das Recht, dass Ihre geschlechtsspezifischen Bedürfnisse in der Pflege berücksichtigt werden."

Dass es in der Realität ganz anders ausschaut, belegt der Sturm des Protests der Betreiber von Heimen und ambulanten Diensten gegen den Entwurf von Anfang 2005. „Die in der Charta vorgesehenen zusätzlichen Leistungsverpflichtungen" seien „so nicht tragbar", erklärte der Bundesverband Ambulante Dienste und Stationäre Einrichtungen e.V., und damit „nicht konsensfähig". Die „zusätzlich geforderten Pflichten" würden „die Leistungserbringer einseitig belasten". Der Verband verlangte: „Sollen zugunsten wünschenswerter Qualitätsvorstellungen zusätzliche Leistungsverpflichtungen geschaffen werden, muss die Charta dies zumindest deutlich machen und die Leistungen unter den Vorbehalt einer angemessenen Vergütung stellen." Auch andere Trägerorganisationen monierten, dass der Leistungsumfang nach oben nicht begrenzt sei. „Die Charta ist ein Pflichtenkatalog überwiegend einseitig zu Lasten der Einrichtungen", erklärte Michael Schulz, Bundesgeschäftsführer des Verbandes Deutscher Alten- und Behindertenhilfe in der Fachzeitschrift CAREkonkret. Die Präsidentin des Deutschen Pflegerats, Marie-Luise Müller, wird darin mit noch deutlicheren Worten zitiert: „Es kann nicht sein, dass Patientenrechte unter diesen Rahmenbedingungen einklagbar werden und Pflegende womöglich unverschuldet zur Rechenschaft gezogen werden."

Warum denn ein derartiger kollektiver Aufschrei? Eigentlich dürfte es kein Problem sein, die Charta als verbindlich zu akzeptieren, da es sich nach Ansicht der Einrichtungsträger, der Kostenträger und der Politik bei den Missständen doch schon immer „nur um bedauerliche Einzelfälle" und höchstens „ein paar schwarze Schafe" gehandelt habe. Was die Charta verlangt, müsste nach Darstellung in den schönen bunten Heimprospekten ohnehin schon längst Wirklichkeit sein. Die Fachzeitschrift „Forum Sozialstation" zitiert dazu den Chat-Beitrag in einem Altenpflegeforum: „Was ich im Entwurf der Charta lese, sollte eigentlich für jede normal denkende Pflegefachkraft selbstverständlich sein. Wenn wir jetzt eine Charta dafür brauchen, ist das ja schon irgendwo beschämend, weil wir offen zugeben, dass wir die Menschen nicht so behandeln, wie es ihnen zusteht." Wenn die Charta dann auch noch an praxisfremden Verbandschefs scheitern sollte, „dann sollten wir das Ganze wirklich vergessen und Amnesty International einschalten". Im letzten vorliegenden Entwurf wird die Charta aufgeteilt in Empfehlungen und Forderungen. Offenbar wurde versucht, mit einem Kompromiss ein Scheitern des Runden Tisches zu verhindern. Ob die Charta als Forderungskatalog jemals Verbindlichkeit erlangt, ist derzeit noch offen.

Wessen Interessen vertreten die Wohlfahrtsverbände in ihrer Rolle als Heimträger eigentlich? Diese Frage stellt sich auch, wer das Verhalten der Verbände im bayerischen Regierungsbezirk Schwaben beobachtet. Als der Bezirk eine pauschale Kürzung der Pflegesätze um fünf Prozent vornahm, die er später wieder rückgängig machen musste, regte sich noch großer Protest. Doch nicht einmal ein Jahr später, im Juni 2005, meldete die Süddeutsche Zeitung: „Schwabens soziale Verbände kommen dem finanziell in Not geratenen Bezirk zur Hilfe. Caritas, Diakonie, Bayerisches Rotes Kreuz sowie Paritätischer Wohlfahrtsverband und der Verein der Lebenshilfe haben sich für ihre Heime und Pflegeeinrichtungen, in denen rund 12 000 Menschen leben, zu Einsparungen bereit erklärt. Allein im laufenden Jahr sollen sie den Bezirkshaushalt um neun Millionen Euro entlasten." In Heimen betreute Menschen, so die SZ, werden sich auf Verschlechterungen einstellen müssen. „Natürlich wird dieses Sparpaket zu Einschnitten in den Einrichtungen vor Ort und in der Arbeit mit den Betreuten führen", räumte Bezirkstagsvizepräsident Alfons Weber bei der Bezirksversammlung des Bayerischen Roten Kreuzes wenige Tage später ein und beschied lapidar: „Den politisch Verantwortlichen beim Bezirk Schwaben sind die Konsequenzen bewusst." Indirekt kündigte er weitere Kürzungen an: „Wir müssen derzeit mehr nach dem Verantwortbaren fragen, um unsere Angebote auch in Zukunft noch in ausreichender Zahl zur Verfügung stellen zu können." Gleichzeitig pries er die Bereitschaft der Wohlfahrtsverbände, im Dialog ein Sparpaket zu schnüren: „Vor allem die Einrichtungen haben verdeutlicht, dass sie bereit sind, Einschnitte hinzunehmen, um diesen Kurs mitzutragen."

War das, was bisher geboten worden ist, denn etwa entbehrlicher Luxus und Fünf-Sterne-Komfort? Nein? Wenn nicht, wie kann es dann gut gehen, dass sich jetzt noch weniger Personal um die Pflegebedürftigen kümmert? „Wir werden uns in Zukunft nur eine Minimalpflege leisten können", beschied Pfarrer Reinhard Wernhöfer, Sprecher der Diakonie, bei der gemeinsamen Pressekonferenz mit dem Bezirkstagspräsidenten. Die Heimträger wollen in den nächsten Jahren trotz steigender Kosten auf eine Anhebung der Pflegesätze verzichten. Das bedeutet Einsparungen durch Kürzungen im Leistungsangebot. Dabei können sich die Verbandsvertreter die Hände in Unschuld waschen: Laut SZ sei der Preis für das Entgegenkommen der Wohlfahrtsverbände gewesen, dass der Bezirk „politisch die Verantwortung für die Leistungskürzungen" trage. Wie einfach das geht, lässt sich aus der nachträglich vom Bezirk veröffentlichten Pressemeldung ablesen. Darin heißt es: Der Bezirk übernehme die politische Verantwortung, „umgesetzt werden die Sparmaßnahmen jedoch so, dass sie ‚ethisch verantwortbar sind', erläuterte Diözesan-Caritasdirektor Peter C. Manz". Das macht eigentlich alles noch viel schlimmer, weil es nicht nur den Anschein erweckt, als habe es schon bisher keine Missstände gegeben. Es entsteht zudem auch noch der Eindruck, als seien die Kürzungen verkraftbar. Sind sie etwa deswegen „ethisch verantwortbar", weil es um Menschen geht, die nicht mehr lange zu leben haben?

Der Schulterschluss der schwäbischen Verbände mit dem Bezirk macht alle Bemühungen um eine Verbesserung der Pflegesituation zunichte. Denn auch andere Kostenträger werden das Signal dieser Komplizenschaft verstehen: Da kann man ja noch etwas einsparen, ist ja gar nicht weiter schlimm. Das Fatale daran ist, dass die Einsparungen mitnichten die Verbände treffen, sondern die Menschen, die hilf- und wehrlos von ihnen abhängig sind. Das macht diesen Schulterschluss so bitter: Er geht zu Lasten hilfloser Dritter, die keine Chance haben, dagegen zu protestieren.

Wozu dann aber überhaupt noch eine Charta, wenn nur Empfehlungen formuliert werden und damit selbst Grundrechte unter Finanzierungsvorbehalt gestellt werden? Im Grundgesetz steht noch nicht: „Die Würde des Menschen ist unantastbar, falls diese finanzierbar ist." Es ist eine sozial- und pflegepolitische Bankrotterklärung, wenn selbst die banalsten Selbstverständlichkeiten nicht als verbindlich eingefordert werden können. Als das ZDF-Magazin Frontal21 im September 2004 die damalige Bundesgesundheitsministerin Ulla Schmidt (SPD) befragte, ob angesichts der schlimmen Zustände in vielen Pflegeheimen nicht schnell etwas geschehen müsse, beschied die Politikerin: „Erstens sind nicht in Pflegeheimen überall schlimme Zustände. Dann kennen Sie offensichtlich die Pflegeheime nicht. Das wird auch nicht der Arbeit, die in den Pflegeheimen geleistet wird, gerecht." Da ist es wieder, das immer gleiche Argument: Ist ja alles gar nicht so schlimm, weil es nicht überall gleich schlimm ist. Und Geld wäre sowieso auch keins da, nicht wahr? Ulla Schmidt: „Das Zweite ist: Wir brauchen eine Stabilisierung der Finanzen der Pflege, denn da müssen wir dafür sorgen, dass nicht die Einnahmen und die Ausgaben immer weiter auseinander klaffen." Alles klar? Geschehen muss nichts, und wenn etwas geschehen müsste, dann würde dafür das Geld fehlen. Das ist der Versuch, Nichtstun doppelt abzusichern.

Wie wenig Bereitschaft besteht, die Wirklichkeit in den Pflegeheimen zur Kenntnis zu nehmen, zeigt auch die Reaktion der Bundesregierung auf eine Aufforderung der Vereinten Nationen, Sofortmaßnahmen zur Verbesserung der Situation von Menschen in Pflegeheimen zu ergreifen. Die Sozialpädagogin Christiane Lüst und der Rechtsanwalt Alexander Frey vom „Forum zur Verbesserung der Situation pflegebedürftiger alter Menschen in Deutschland" (www.verhungernimheim.de) hatten im Jahr 2001 bei einer Anhörung im Ausschuss der Vereinten Nationen für wirtschaftliche, soziale und kulturelle Rechte geschildert, dass Tausende von Heimbewohnern unter Unterernährung und Austrocknung leiden. Der Ausschuss brachte daraufhin „seine große Besorgnis" zum Ausdruck „über menschenunwürdige Zustände in Pflegeheimen". Sie würden auf strukturellen Mängeln beruhen, wie der Medizinische Dienst der Spitzenverbände der Krankenkassen (MDS) bestätige. Der UN-Ausschuss forderte die Bundesrepublik Deutschland dazu auf, „Sofortmaßnahmen zur Verbesserung der Situation in Pflegeheimen zu ergreifen". Frey betonte: „Es ist beschämend und blamabel, dass die Bundesregierung die Einhaltung der Menschenrechte in anderen Staaten fordert und gleichzeitig tatenlos zusieht, wie die Menschenrechte und die Menschenwürde alter Menschen in Deutschland mit Füßen getreten werden." Weil Reaktionen der Bundesregierung ausblieben, fasste Frey beim Bundeskanzler nach. Der ließ ihm Ende April 2002 antworten: „Entgegen Ihrer Auffassung sind deutsche Pflegeheime keinesfalls ‚Räume, in denen die Würde der Bewohner mit Füßen getreten wird'." Mit dem Pflege-Qualitätssicherungsgesetz und einer Reihe weiterer gesetzlicher Maßnahmen seien sehr gute Voraussetzungen geschaffen worden, „um einzelne Missstände in der Pflegepraxis angemessen zu bekämpfen". Auch nach einem weiteren Vorstoß beharrt das Bundeskanzleramt darauf, dass es sich um Einzelfälle handele, die nicht verallgemeinert werden dürften, und benutzt dabei das häufigste gegen Kritik vorgebrachte Argument: „Eine Gefahr solcher Verallgemeinerung liegt aus meiner Sicht auch darin, dass die überwiegend engagiert und gern arbeitenden Pflegerinnen und Pfleger einem Generalverdacht ausgesetzt werden, der in der Sache nicht begründet und kontraproduktiv ist."

Kindern, die anderen wehtun, verhelfen die Eltern mit einem einprägsamen Spruch zur Einsicht: „Was du nicht willst, dass man dir tu', das füg' auch keinem andern zu." Viel wäre schon gewonnen, wenn dieser Spruch auch auf die Pflege übertragen würde. Und zwar nicht nur als Handlungsrichtlinie für diejenigen, die unter schwierigsten Bedingungen Pflege leisten, sondern auch für jene, die verantwortlich sind für diese Bedingungen, die sie meist selbst nie zu sehen, geschweige denn zu spüren bekommen. Doch die Vertreter der Kostenträger müssen bei den Pflegesatzverhandlungen den Menschen, über deren Versorgung sie entscheiden, nicht ins Gesicht schauen. Sie müssen auch nicht mit wildfremden Menschen ein Doppelzimmer teilen, aus dem es bis zum Lebensende kein Entrinnen mehr gibt.

Eine menschenwürdige Grundversorgung in der eigenen Wohnung oder im Pflegeheim lässt sich mit ein paar wenigen Mindestanforderungen beschreiben – und eigentlich müsste jedem klar sein, dass da keine Abstriche möglich sind. Denn dabei handelt es sich keineswegs um überflüssigen Luxus, sondern um das, was zum Leben notwendig ist.

Jeder pflegebedürftige Mensch muss täglich seine Mahlzeiten und ausreichend Flüssigkeit in dem Tempo erhalten, in dem er kauen und schlucken kann. Magensonden und Infusionen dürfen nur nach ausdrücklicher und regelmäßig kontrollierter medizinischer Indikation verordnet werden. Die Notwendigkeit muss ständig hinterfragt werden. Eine Magensonde als pflegeerleichternde und damit letztlich auch eine aufwändigere Pflege vermeidende Maßnahme ist menschenunwürdig und erfüllt den Tatbestand der Körperverletzung.

Jeder pflegebedürftige Mensch muss täglich so oft zur Toilette begleitet oder geführt werden, wie es ihm ein Bedürfnis ist. Der Einsatz von Windeln und Dauerkatheter als pflegeerleichternde Maßnahmen ist menschenunwürdig und eine Körperverletzung.

Jeder pflegebedürftige Mensch muss täglich – sofern gewünscht – gewaschen, angezogen, gekämmt werden. Er hat ein Recht auf Mundpflege – dazu gehört auch, dass ihm geholfen wird, sein Gebiss einzusetzen.

Jeder pflegebedürftige Mensch muss auf Wunsch täglich die Möglichkeit bekommen, sein Bett zu verlassen und an die frische Luft zu kommen.

Jeder pflegebedürftige Mensch muss die Möglichkeit haben, zwischen einem Einzel- und einem Doppelzimmer wählen zu dürfen.

Jeder pflegebedürftige Mensch muss die Möglichkeit haben, mit wenigstens einem Mitarbeiter in seiner Muttersprache sprechen zu können.

Jeder pflegebedürftige Mensch hat ein Recht auf ärztliche Versorgung, die eine Schmerztherapie mit einschließt.

Jeder pflegebedürftige Mensch muss die Sicherheit haben, dass er Sterbebegleitung oder geistlichen Beistand erhalten kann, wenn sein Leben zu Ende geht.

Für eine menschenwürdige Pflege sind menschenwürdige Arbeitsbedingungen unabdingbare Voraussetzung. Das lässt sich nur gewährleisten, wenn qualifiziertes Personal mit einer menschlichen Grundhaltung in ausreichender Zahl eingesetzt wird.

Der Mensch muss im Mittelpunkt stehen – so stellt sich das auch die AOK vor. „Die Pflege und Versorgung in einer vollstationären Pflegeeinrichtung muss sich an einer menschenwürdigen Lebensqualität und der Zufriedenheit der Bewohner orientieren", formulierte es Pflege-Expertin Martina Sitte vom AOK-Bundesverband bereits 1999. „Sie muss außerdem zur Befriedigung seiner körperlichen, geistigen, sozialen und seelischen Bedürfnisse beitragen. Dabei sind die bisherigen Lebensgewohnheiten des Bewohners zu berücksichtigen. Diese ganzheitliche

Pflege muss es ihm außerdem ermöglichen, seinen Alltag so zu gestalten, dass er ihn als sinnvoll erlebt. Dazu gehört insbesondere die Teilnahme am sozialen und kulturellen Leben." Hehre Ziele, die längst noch nicht Wirklichkeit sind. „Weder in der ambulanten noch in der stationären Pflege ist die gegenwärtige Situation annehmbar", erklärte Dr. Helmut Platzer, Vorstandsvorsitzender der AOK Bayern ein gutes Jahr später. Die AOK verstehe sich als Anwalt der Pflegebedürftigen. Seitdem sind fünf Jahre vergangen, aber diese schön formulierten Ziele, Selbstverständlichkeiten für jeden von uns, sind für viele Heimbewohner immer noch eine ferne Utopie.

Nachwort

Dies ist ein außerordentlich deprimierender Bericht über die Situation der Altenpflege in Deutschland. Es mag sein, dass die Lektüre unter anderem deswegen einen derart bedrückenden Eindruck hinterlässt, weil nicht nur die persönliche Betroffenheit von Angehörigen geschildert wird, sondern deren Berichte jeweils durch wissenschaftliche Studien, Stellungnahmen von Heimaufsichten, Beschwerdestellen und andere unabhängige Instanzen bestätigt werden. Niemand kann sich mehr der Erkenntnis entziehen, dass in einem der reichsten Länder der Welt alte Menschen diskriminiert, vernachlässigt, schlecht behandelt und schlecht gepflegt werden. Es ist ein sehr niedriges Niveau, auf dem in diesem Land alte Menschen in durchschnittlichen Heimen gepflegt werden und: es ist nichts Neues.

Seit Anfang der 80er Jahre arbeite ich zusammen mit dem Arbeitskreis gegen Menschenrechtsverletzungen in Heimen und Claus Fussek an einer Verbesserung der Altenpflege. Es ist ein langer Weg, den wir im Kampf um eine menschenwürdige Pflege bisher zurückgelegt haben, und häufig frustrierend, weil Änderungen kaum sichtbar sind. Nie haben wir uns gescheut, die in diesem Buch geschilderten Missstände an die Öffentlichkeit zu tragen. Begleitet wurden wir dabei stets von zahlreichen engagierten Journalistinnen und Journalisten, die nicht müde wurden, die Rechte alter Menschen immer wieder einzufordern. An dieser Stelle will ich ihnen, die uns bei diesem Kampf immer tatkräftig unterstützt haben, herzlich danken.

Zu Beginn unseres Kampfes für bessere Bedingungen in der Pflege kam von den Funktionären der Heimträger und den politisch Verantwortlichen mit einem unglaublichen Zynismus immer wieder das Argument, es handle sich doch nur um Einzelfälle und niemand könne daran zweifeln, dass alte Menschen in unseren Heimen optimal gepflegt würden. Von Einzelfällen spricht heute kaum jemand mehr. Ein Durchbruch fand im Jahr 1997 statt und zwar anlässlich einer Pressekonferenz der Münchner Rathausfraktion Bündnis 90/Die Grünen, in der – zum wiederholten Mal – von Claus Fussek die Missstände in der Pflege thematisiert wurden. Für uns alle völlig überraschend weitete sich das Thema urplötzlich in der gesamten Bundesrepublik zu einem allerorten diskutierten Pflegeskandal aus. Claus Fussek erhielt unzählige Beschwerdeschreiben und Anrufe von verzweifelten Menschen, die bundesweit über schlimmste Skandale in Heimen berichteten. Teilweise sind diese Meldungen nichts anderes als Selbstanzeigen. Beleidigungen, Körperverletzungen, Misshandlungen, Betrug – die Liste ließe sich fortsetzen. Bis Ende 2004, so Claus Fussek, gingen etwa 40 000 Beschwerden bei ihm ein, zwei Drittel davon stammen von Pflegekräften!

In München wurde von der Stadt eine Beschwerdestelle installiert, die von der Sozialpädagogin Christa Empen bundesweit vorbildlich aufgebaut und geleitet wurde. Hier fanden die Menschen in ihrer Not eine unabhängige und allseits anerkannte Verbündete. Wir haben dann den Pflegestammtisch gegründet zusammen mit Christiane Lüst und Roswitha Springer-Hiefinger, die ihn seit Jahren organisieren und betreuen gemeinsam mit vielen anderen, die dabei mit unglaublichem Engagement tätig sind. Dort können Angehörige und Pflegekräfte ihr Leid schildern. Regelmäßig wird er von Politikern, Mitarbeitern der Heimaufsicht, der Kostenträger und des medzinischen Dienstes besucht und von den Medien begleitet. Wir haben in München die besten Bedingungen, unser Anliegen immer wieder zu thematisieren und bekamen auch von einigen Politikern, besonders von dem bayerischen CSU-Landtagsabgeordneten Joachim Unterländer Unterstützung.

Und dennoch: Ohne zusätzliches Geld und ohne geeignetes Personal wird sich an der Qualität in der Pflege nichts ändern. Selbstverständlich gibt es Pflegeheime und auch Pflegedienste, bei denen eine wirklich individuelle und gute Pflege stattfindet, in denen die Grundrechte der alten Menschen gewahrt werden und von denen sich jeder von uns pflegen ließe, wenn es denn sein müsste. Aber: Die Pflege in diesen Heimen und von diesen Diensten entspricht nicht der durchschnittlichen Pflege in der Bundesrepublik. In diesen Heimen und in diesen Diensten ist ein Personal tätig, das sich über die Maßen engagiert und manches Mal über die eigenen Kräfte hinaus für die alten Menschen sorgt und sich um sie kümmert. In diesem Buch jedoch wird berichtet, was tatsächlich Tag für Tag regelmäßig stattfindet. Es wurde geschrieben von zwei Experten, die sich in ihrer täglichen Arbeit bei diesem Thema immer wieder begegnet sind: Von Sven Loerzer, einem seit Jahrzehnten sozialpolitisch engagierten Journalisten, und Claus Fussek, einem Sozialpädagogen, der in derselben Zeit in seiner Arbeit unendlich viel Erfahrung in diesem Bereich gesammelt hat. Sie haben sich entschlossen, ihr umfangreiches Wissen und ihre oft erschütternde Erfahrungen zusammenzutragen. Sie haben in einer nicht zu widerlegenden Abhandlung den Zustand der Altenpflege in Deutschland dargestellt. Meine Erfahrungen als Rechtsanwalt und als Sprecher des Arbeitskreises gegen Menschenrechtsverletzungen in Heimen, der die Interessen der Betroffenen als Anwalt vertritt, decken sich mit dieser Darstellung. Kein Leser und keine Leserin wird sich nach diesen Schilderungen noch der Not der alten Menschen entziehen können. Wir haben die gemeinsame Hoffnung, dass – auch aufgrund dieses Buches – unsere Gesellschaft die Verantwortung für eine menschenwürdige Pflege alter Menschen endlich übernimmt und die derzeitigen skandalösen Zustände sofort beendet werden. Ausreden und weiteres Zuwarten sind angesichts der bundesweit verbreiteten Menschenrechtsverstöße einer zivilisierten Gesellschaft nicht würdig.

Alexander Frey
Rechtsanwalt
Sprecher des Arbeitskreises gegen Menschenrechtsverletzungen in Heimen